KB151194

THIS IS FOR YOU

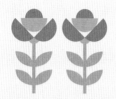

THIS IS
FOR
YOU

자기 돌봄
101의 기적

엘렌 M. 바드 지음
오지영 옮김

가디언

누구든 반드시

인생에서 '잠시 멈춤'이 필요합니다

18세기 지어진 작은 오두막 안에 앉아 아늑한 거실에서 타들어 가는 장작불을 바라보고 있었습니다. 경영 컨설턴트로 런던에서 10년 동안 정신없이 생활하던 나는 바쁜 일정으로부터 잠시 벗어나 주변을 돌아보며 내 인생에 대해 다시 생각해보았습니다.

당시 나는 내 생활이 마음에 들지 않았습니다. 일을 좋아했지만 근무 시간은 길었고 스트레스도 심했습니다. 나름대로 잘 버텨내고 있다고 생각했는데 건강에 조금씩 문제가 생기기 시작하더군요. 그동안 너무 업무에 매달리느라 개인적인 시간을 가질 여유가 없었습니다.

진지하게 인생을 돌아보기 위해 주말 동안 혼자 지낼 돌로 지어진 작은 오두막을 하나 예약했습니다. 여유를 가지고 싶었기에 와이파이도 없고 전화벨도 울리지 않는 곳을 선택했습니다. 그리고 책 몇 권과 색깔이 있는 펜 몇 자루, 그리고 빈 종이를 잔뜩 가지고 그곳으로 향했습니다. 그곳에서 정말로 나에게 중요한 것은 무엇이며, 어떻게 하면 나를 성장시키고 나에게 도움이 되는 인생을 살아갈 수 있을지 생각했습니다.

그렇게 주말을 혼자 보낸 이후 내 인생은 바뀌었습니다. 그곳에서 나는 잠시 숨을 돌리면서 일기를 쓰고, 산책을 하고, 빗방울이 떨어지는 선명한 초록빛 나무 아래의 단단한 나무 등치에 앉아 시간을 보냈죠. 직장에서 혹은 일상생활 속에서 무언가를 성취하려고 느끼던 압박감에서 완전히 벗어나 보았습니다.

그날 이후 시작된 모험으로 5년 후 나의 인생은 완전히 달라졌습니다. 지금은 방콕에 살면서 20여 개 이상의 나라를 오가며 글을 쓰고 강의를 하는 컨설턴트로 활동하고 있습니다. 사랑하는 배우자와 아끼는 집도 있습니다. 이런 변화가 하루아침에 일어난 것은 아니지만 오두막에서 보낸 그 주말은 분명한 전환점이었습니다. 다른 사람들의 기대에 휩쓸리지 않고 인생을 되돌아보며 삶을 어떻게 변화시킬지, 나만의 가치와 관점을 가지고 인생을 적극적으로 만들어나갈 수 있게 되었습니다. 나를 책임지고 인생을 변화시킬 수 있는 유일한 사람은 바로 나 자신뿐이라는 사실을 깨달은 것이죠.

그 과정은 쉽지 않았습니다. 환경이 바뀐다고 자아가 바뀌는 것은 아닙니다. 걱정도 많고 의욕도 넘치는 나의 완벽주의적 성향은 태국의 뜨거운 태양 아래에서도 변함이 없었습니다.

나는 다양한 방법으로 나에게 집중하며 시간을 보냈습니다. 엄밀히 말하면 나를 치유하는 시간을 가진 겁니다. 규칙적으로 시간을 정해 모든 활동을 멈추고 여러 가지 방법을 이용해 여유로운 마음으로 나 자신을 대면했습니다.

변화를 싫어하는 성격이었지만, 나는 어떻게 나를 돌봐야 하는지에 대한 이 작은 실험을 기꺼이 실천했습니다. 그리고 자기 돌봄이란 다른 이들이 아닌 바로 나를 위한 것임을 잊지 않았습니다. 케일 주스나 코코넛 오일을 주로 먹는 건강한 식생활을 가지진 않았지만, 정기적으로 치과 검진을 받고 아침마다 일기를 쓰며 보내는 시간은 내 삶을 단단하게 잡아주며 전쟁 같은 세상을 마주하는 데 도움을 주었습니다.

"내가 겪은 경험과 생각에 조금이라도 공감한다면,

이 책은 바로 당신을 위한 것입니다."

엘렌

Contents

이 책을 시작하기 전에

CHAPTER 1 나를 사랑하기

CHAPTER 2 나를 알아가기

CHAPTER 3 나를 바꾸기

잊지 말아야 할 것

감사의 글

↘ 자기 돌봄이란

우리는 끊임없이 움직이는 세상에서 살고 있습니다. 해야 할 일은 언제나 잔뜩 쌓여 있고, 사람들은 항상 새로운 부탁을 해오고, 답장해줘야 할 메일이 쏟아집니다. 새로운 건강 트렌드가 유행하고 SNS에 멋진 몸매로 물구나무를 서거나 유연한 자세를 취하는 사람들의 사진을 보면서 나도 자기 관리를 해야 한다는 의무감에 시달리죠. 자신을 돌보는 것은 꾸준히 해야 하는 일이지만, 오히려 그것 때문에 불안해지거나 스트레스를 받기도 합니다. 자기 돌봄은 스스로를 위해 반드시 해야 하지만, 그렇지 못하면 우리는 불안감을 느낍니다.

이 책은 무언가를 해야 한다고 강요하지 않습니다. 그 대신 자신에게 맞는 방식으로 자기 관리를 실천할 수 있도록 구성되어 있습니다. 자기만의 속도에 맞추어 큰 어려움 없이 쉽게 모든 과정을 따라올 수 있도록 했습니다.

'자기 돌봄'이라는 개념의 역사는 길고 다양하지만, 그 핵심은 언제나 건강이었습니다. 환자에게 적용하는 의학 용어였던 자기 돌봄은 환자들이 매일 샤워를 하고, 건강한 식단으로 음식을 섭취하고, 운동을 하는 등 좀 더 자발적이고 적극적으로 스스로를 돌보도록 하는 활동을 의미했습니다. 당시 이 개념은 상당 부분 육체적인 면에 중점을 두고 있었죠. 이후에 심리학자나 심리 치유사들이 고위험군에 속하는 근로자들과(소방수나 사회사업가처럼) 감정 소모가 많은 업무 종사자들에게 도움이 되는 방법을 찾는 과정에서 자기 돌봄은 정신적이고 감정적인 부분으로 확장되어 업무 현장에서 받은 충격을 관리하는 방법으로 활용되었습니다.

한편으로 여성권리 운동과 인권 운동이 시작되면서 자기 돌봄이라는 단어는 정치적 색을 띠게 되었습니다. 운동에 가담하던 이들이 자신의 건강을 관리하는 것을 주도적인 행동으로 여기면서 여성을 치료하는 데 턱없이 부족한 가부장적인 의료 시스템으로부터의 자율권을 주장하기도 했죠. 1980~90년 헬스·웰빙 산업과 결합한 자기 돌봄은 2010년대에 서양 사회가 정치적·문화적으로 불안정해지면서 변화무쌍하고 혼란스러운 세계에서 자신을 단단하게 잡아줄 수 있는 핵심적인 개념으로 부상했습니다.

자기 돌봄이란 나의 감정적·정신적·육체적 요구를 이해하는 것입니다. 그 과정에서 기분이 좋아지냐고 묻는다면 그렇다고 대답할 수 있습니다. 하지만 항상 기분이 좋아지는 것은 아닙니다. 어떤 활동은 짧은 시간 안에 해내기 어렵고 귀찮게 느껴질 수도 있습니다. 하지만 장기적으로 삶이 나아짐을 느끼게 될 것입니다.

지금까지 이야기한 자기 돌봄에 관한 내용에 공감한다면, 자신에 대한 애정을 가지고 과연 지금 내가 자기 돌봄을 위한 준비가 되어 있는지, 또는 아직 에너지가 조금 더 필요하다고 생각되는지 스스로 물어보세요. 후자의 경우라면 나중에 도전해도 좋습니다. 둘 중 어떤 쪽이든, 이 책에서 당신이 성공하거나 실패할 일은 없습니다. 이 책이 이끄는 방향대로 자신을 맡겨보면서 무엇에

내 마음이 가장 공감하는지 무엇이 지금 필요한지 천천히 생각
해보세요.

🕯 당신에게 자기 돌봄은 어떤 의미인가요?

_____

_____

_____

🕯 이 책을 사게 된 이유는 무엇인가요?

_____

_____

_____

↘ 자기 돌봄 설명서

직업 심리학자로서 지난 몇 년 동안 자기 돌봄을 실천하는 사람들과 함께 작업하고 그들에 대한 글을 쓰며 자기 돌봄을 위한 효과적인 방법들을 수집했습니다. 합리적이고 충분한 근거가 있다면 조금 낯선 방법이나 조언들도 거부감 없이 수용했습니다.

예를 들어 이 책에는 새로운 의식을 만드는 몇 가지 방법이 소개되어 있습니다. 의식이란 변화를 나타내는 경건한 의례라고 정의하기도 하지만, 아침을 먹으며 신문을 보는 일상에서부터 결혼이라는 특별한 행사까지 포함하는 개념이기도 합니다. 우리는 일상에서 흔히 일어나는 일들을 의식이라고 규정하고 일정한 규칙에 따라 행동함으로써 나만의 의식을 만들어볼 수 있습니다. 이것은 행동, 감정, 동기를 조절하는 대뇌변연계나 '도마뱀 뇌(위험을 감지하는 뇌의 부분 ― 옮긴이)'와 같이 좀 더 원시적인 부분과 관련된 활동입니다.

그리고 항상 일기 쓰기를 권합니다. 일기란 자기 생각과 감정을 솔직하게 기록하는 것을 말합니다. 이 책에 직접 적어볼 수 있는 공간을 마련해두었지만, 반드시 책에 쓸 필요는 없습니다. 컴퓨터나 공책에 기록해도 좋습니다. 직접 적어보는 것은 생각을 정리하는 데 도움이 되고, 어떨 때는 내가 외면하려 했던 진실을 보여주기도 합니다.

이 책은 폭넓은 주제를 다루고 있습니다. 어떤 방법은 신체, 마음, 감정과 같은 아주 핵심적인 주제이지만, 조금은 일반적이지 않은 분야에 관한 것도 있습니다. 우리는 시간time이나 일work, 변화change를 그저 자연스러운 과정이라고 생각하죠. 하지만 사실 이와 관련하여 자기 돌봄을 실천하는 것, 예를 들어 다른 사람들의 부탁을 거절하거나 건강을 위해 자기 생활 범위를 지키는 등의 행동은 어떤 부담감도 느끼지 않고 해야 할 일을 분명하게 함으로써 나와는 관계없는 복잡한 감정에서 벗어나 스스로에게 집중할 수 있는 시간을 가질 수 있게 합니다.

이 책에 나와 있는 101가지 방법을 직접 해보면 어떤 것이 나에게 맞고 어떤 것이 맞지 않는지 알게 될 겁니다. 다시 한번 해보고 싶은 방법들도 있을 거예요. 그다음에는 상황별로 필요에 따라 나를 돌보는 방법을 직접 만들어나갈 수도 있을 겁니다.

이 책에서 나의 현재 상황과 가장 맞고 유용하다고 느껴지는 페이지를 먼저 골라서 살펴보고, 그중에서도 나와 가장 잘 맞는 방법을 선택해서 실천해보세요. 이 책을 다 끝낸다고 해서 상을 주는 건 아닙니다. 그냥 모든 방법을 실천해보세요. 어떤 페이지는 가벼운 마음으로 금세 끝내기도 하고, 어떤 페이지는 좀 더 깊이 생각하고 집중해야 할지도 모릅니다. 모든 과정을 한 번에 끝내려고도 하지 말고, 모든 페이지를 한 번에 보려고 하지도 마세요. 이 책은 일정 기간 꾸준히 따라 할 수 있게 구성되어 있거든요. 이 책에 소개된 방법들을 가능한 한 천천히 지속하면서 매일매일 되새기세요. 그러다 보면 당신의 일상에 작은 마법이 일어날 거예요.

자신을 돌보는 생활에 익숙해지면, 순간의 위로감을 얻으려 나도 모르게 하던(보통은 도움이 되지 않는) 행동으로 뒷걸음질 치는 일은 줄어들 겁니다. 이 책의 목적은 여러분이 이 순간을 최대한 값지게 살아가도록 돕는 데 있거든요. 부정적 영향을 끼치는 스트레스, 걱정, 긴장과 같은 것들을 최소한으로 줄여서 일상을 활기차고 행복하게 만드는 것에 있습니다.

어디서부터 시작해야 할지 모르겠다면, 우선 페이지를 넘기세요. 이 책의 핵심 내용은(신체, 마음, 감정을 다룬) 처음 장에 나옵니다. 이 부분이 자기 돌봄을 연습할 수 있는 기초가 될 거예요. 그렇지만 자기 돌봄의 모든 측면은 서로 연결되어 있으며 자신의 몸을 잘 돌보면 감정적, 신체적으로 변화가 일어납니다. 이를 통해 유연한 사고를 가진다면 창의력이 상승하면서 변화에 더 적절하게 대응하며 자신의 일을 효율적으로 처리하는 놀라운 일이 일어날 겁니다.

↘ 나를 돌보지 못하는 세 가지 변명

나는 사람들이 자기 자신을 돌보는 것을 게을리하는 이유를 알 수 없었습니다. 고단한 삶에 지쳐 쓰러지기 직전까지 자기를 돌보는 것을 미루는 이유가 무엇인지 궁금했습니다. 녹초가 되면서도 다른 사람을 돌볼 준비는 하면서 자신을 위해서는 단 5분도 내지 못하는 상황이 흔하게 일어납니다. 사람들은 이런 상황을 정당화하기 위해 자주 언급하는 세 가지가 있습니다.

첫 번째는 돈입니다. 이 책에 담긴 자기 돌봄의 방법 대부분은 돈이 필요하지 않습니다. 필요한 것은 고작해야 펜이 전부입니다. 돈이 없어서 나를 돌보지 못했다는 말은 소용없습니다.

두 번째 변명은 시간입니다. 이 문제에 대해서는 5장에서 자기 돌봄을 위해 시간을 내는 방법들을 연습해볼 겁니다.

하지만 자기를 돌보는 데 어려움을 느끼는 가장 중요한 원인은 바로 세 번째 이유인데, 그것은 바로 우리가 자신을 위한 활동에 시간을 쓰는 것을 이기적이라고 여기기 때문입니다.

물이 가득 찬 두 개의 병이 있다고 생각해봅시다. 그중 하나에는 '시간', 다른 하나에는 '에너지'라고 적혀 있습니다. 나를 위해서든 다른 사람을 위해서든 어떤 행동을 할 때마다 시간이라고 적힌 병에서 물을 덜어낸다고 생각해봅시다. 간단한 방법입니다.

병 안에 가득 들어 있는 물은 내가 평생 사용할 수 있는 시간을 의미합니다. 아무리 작은 행동도 시간이 걸리기 마련입니다. 따라서 내가 살아가는 동안 '시간'의 병은 점점 더 비어갈 것입니다.

우리는 모두 하루에 24시간을 삽니다. 때로 인생의 수동적인 참가자가 된 것처럼 느낄지도 모르지만, 사실은 그렇지 않습니다. 비록 '아니오'라고 단호하게 거절해야 하는 힘든 선택일지라도 우리는 자신의 삶을 선택할 수 있는 능력과 힘을 가지고 있습니다. 쉽지 않은 일일지도 모르지만, 자신의 삶에 대한 통제력을 되찾는다는 것은 '시간'의 병 안에 담긴 물을 내 의지대로 사용할 수 있다는 것을 의미합니다.

'에너지' 병은 좀 더 복잡합니다. 어떤 행동을 하면 에너지가 고갈되기도 하지만, 또 어떤 행동은 에너지를 다시 채워주기도 합니다. 그리고 '에너지' 병 안의 물을 다시 채워주는 행동 중 많은 부분을 차지하는 것이 바로 자신을 돌보는 행동입니다. 에너지를 고갈시키는 행동을 하는 것은 곧 에너지 병 안의 물을 조금씩 따라내는 것과 같고, 그렇게 에너지를 소모하다 보면 나는 곧 아무에게도 소용없는 사람이 되어버릴 것입니다. 남은 에너지는 없고 나 자신이 텅 비어버리는 겁니다. 텅 빈 상태에서는 사랑하는 이들에게 아무것도 해줄 수 없습니다.

자기 돌봄은 내 인생에 반드시 필요한, 책임감 있고 성숙한 행동입니다. 또한 자신의 욕구를 잘 관리하는 것은 최상의 내가 되기 위한 핵심적인 과정입니다.

🔌 자기 돌봄을 위해 시간을 내지 못하는 이유는 무엇인가요?

🔌 위에서 말한 이유를 고치기 위해서는 무엇이 필요할까요?

나를 필요로 하는 사람들이 있습니다. 그런데도 나 자신을 돌보는 것에 죄책감이 느껴질 때는 자신을 한번 나무라고 생각해보세요. 나무는 단단하고 굳건하게 뿌리를 내릴수록 더 풍성하게 자라서 가지를 뻗으며 폭풍우로부터 사람들을 보호해줄 수 있는 안식처가 됩니다. 눈을 감고 나무를 생각해보세요. 그리고 '나'라는 나무가 적절하게 자라는 데 도움과 응원이 될 수 있는 자기 돌봄 활동이 무엇인지 생각해보세요.

자기 돌봄은 나태함이 아닙니다.

그것은 꼭 필요한 과정입니다.

CHAPTER

1

나를 사랑하기

"건강한 육체는 영혼의 객실이요,
병약한 육체는 그 감옥이다."

_오스카 와일드 Oscar Wilde

몸

BODY

↘ 몸이란?

나와 나의 몸은 어떤 관계일까요?

우리는 신체가 단순히 뇌를 움직이게 하는 수단이 아니라 그 자체로 돌봄과 관리를 필요로 하는 존재란 사실을 종종 잊곤 합니다. 하지만 심리학자 에이브러햄 매슬로Abraham Maslow의 유명한 욕구 5단계(1단계 생리적 욕구, 2단계 안전에 대한 욕구, 3단계 애정과 소속에 대한 욕구, 4단계 자기존중의 욕구, 5단계 자아실현의 욕구. 한 단계가 실현될수록 상위 개념을 추구한다는 논리. ―옮긴이)에서 알 수 있듯이 음식, 물, 따뜻한 쉼터와 같은 신체적 욕구가 충족되지 못하면 다른 욕구를 추구할 수 없습니다.

직장에서 종일 자리에 앉은 채로 정신없이 생활하고, 잔뜩 등을 구부린 채 키보드와 전화기로 업무를 처리하며, 간편식으로 끼니를 때우고, 늦은 밤까지 깨어 있는 생활은 건강한 신체를 유지하는 데 전혀 도움이 되지 않습니다.

사람에게 몸은 자기 돌봄의 대상이며, 우리가 습득하는 지식도 대부분 이를 위한 것이죠. 늘어진 팔뚝 살과 출렁이는 뱃살 빼기 위해 이런저런 다이어트 방법을 전전하지만, 그런 비법은 아마도(채소를 더 많이 먹고, 가공식품과 설탕은 멀리하고 운동을 더 해야 한다는 등) 이미 우리가 충분히 알고 있는 내용일 겁니다.

이 책이 중점을 두는 것은 그런 것들이 아닙니다. 다이어트 방법과 운동법을 소개하는 책은 이미 많이 나와 있지요. 이 장에서는 가벼운 마음으로 시작해볼 만한, 몸 건강에 도움되는 소소한 방법들을 중점적으로 소개합니다.

↘ 준비하기

우선 신체적 자아와 소통하며 몸을 푸는 것부터 시작할 겁니다. 나는 두 가지 만성질환을 앓고 있는데, 이 질병은 나에게 일종의 애증의 대상입니다. 아무렇지도 않은 것처럼 건강한 척하지도 않고 할 필요도 없습니다. 질병 때문에 정기적으로 검진을 받다 보면 그 질병들이 생각보다 많은 것을 알려주니까요.

숨을 들이쉬고 마음의 준비를 한 다음 부드럽게 몸을 어루만지면서 긴장을 풀어보세요. 신체적 접촉은 인간의 발달에 아주 중요한 부분입니다. (20초 정도 포옹을 하는 것과 같은) 정기적으로 긍정적인 신체적 접촉을 할 때 우리 뇌에서는 만족과 편안함을 느끼게 하는 옥시토신이라는 신경전달물질이 분비됩니다.

여기서는 섭취하는 음식과 음료를 이용해 몸을 건강하게 하는 몇 가지 방법을 따라 해볼 겁니다. 일이 바쁘게 돌아가다 보니 책상에 앉아 허겁지겁 점심을 때우는 일이 많습니다. 휴대전화나 노트북에 정신이 팔린 채 저녁을 먹기도 하죠. 음식 맛을 느끼는 작은 기쁨을 놓치고 있습니다. 이 장에서는 이런 부분에 더 중점을 두고 이야기를 나눠볼 겁니다. 건강에 좋지 않은 성급한 결정을 내리는 것을 막기 위해서는 어떤 음식이 좋은지도 알아보겠습니다.

운동하고 잠을 자는 방법에 대해서도 생각해보겠습니다. 지금 우리는 잠을 자고 누울 시간조차 없을 정도로 바쁘게 생활하는 것을 마치 훈장처럼 여기죠. 하지만 적당한 수면을 취하지 않으면 건강과 면역 체계에 문제가 생기는 것은 물론이고, 실수와 사고가 발생할 확률도 높아지며 체중이 늘고 정신적, 육체적으로 여러 가지 문제가 일어나게 됩니다.

마지막으로, 정기 건강검진 일정을 확인하는 것이 곧 성숙한 어른다운 행동이라는 사실 또한 확인할 겁니다. 실제 성인 여성 4명 중 1명은 자궁경부암 검사 일정을 지키지 않고, 성인 절반이 2년 이상 치과에 가지 않습니다.

이 장을 끝냈을 때 우리는 우리 몸이 무엇을 필요로 하는지, 그리고 어떻게 하면 영양을 충분히 섭취하며 건강한 방법으로 내 몸의 욕구를 충족시킬 수 있는지 알게 될 겁니다.

01

몸에 귀 기울이기

조용히 자리에 앉아 자신의 몸을 쭉 살펴보세요. 깊이 숨을 쉬면서 발끝부터 시작해서 위로 올라오며 자기 몸의 모든 부분과 소통하는 겁니다.

그리고 나의 몸이 필요로 하는 것이 무엇인지 물어보세요. 아주 친한 친구를 대하듯이 호기심과 애정을 가지고, 아무 선입견도 없이 그냥요. 긴장을 풀고 이 과정을 계속 진행하세요. 등과 어깨를 쭉 펴고 간식을 먹거나 종아리에 마사지를 해주어도 좋습니다. 그냥 몸에 물어보고, 무슨 대답을 하는지 들어보세요. 15~20분 정도 이 과정을 진행합니다. 발가락에서 머리까지 이 과정을 진행하고 느낀 점을 아래에 적어보세요.

↘ 지금 내 몸은 무엇이 필요하다고 말하나요?

_____

_____

_____

_____

깊게 호흡하기

호흡에 집중하는 것은 스트레스를 받고 불안감을 느낄 때 나를 진정시킬 수 있는 가장 빠른 방법입니다.

깊이 호흡하기 위해 조용한 공간에 앉거나 눕습니다. 손을 배위에 올려놓으세요. 숨을 쉴 때 손이 움직이나요? 숨을 쉴 때마다 배 위의 손이 움직이는지를 확인하면서 코로 깊이 숨을 쉽니다. 호흡에 집중하며 한 번 숨을 들이쉬고, 자연스럽게 숨을 내쉽니다.

편안한 호흡 리듬을 찾았다면, 입으로 숨을 내쉬면서 들이쉴 때보다 조금 더 오래 숨을 내쉽니다. 넷을 셀 때까지 숨을 들이쉬었다면 여섯을 셀 때까지 숨을 내쉽니다. 반드시 이 숫자를 지킬 필요는 없습니다.

그다음, 숨을 들이쉰 후 몇 초 정도 숨을 멈추었다 내쉽니다. 이때도 숨을 들이쉴 때보다 조금 더 길게 숨을 내쉽니다. 이 과정은 안정감을 관장하는 신경계를 자극합니다.

5~10분 정도 이와 같은 방식으로 호흡합니다.

🌿 이 단계에서 몸과 마음이 느낀 점을 세 단어로 적어보세요.

1 _____

2 _____

3 _____

03
내 몸 느껴보기

다른 사람들과 신체적으로 접촉하면 기분이 좋아지지만, 내가 내 몸을 돌보는 것도 위로가 됩니다. 자신을 감싸 안거나 쓰다듬어주세요. 이 과정이 조금 어색하다면 손과 어깨, 목 등을 직접 마사지해주세요. 이때 보습 크림을 발라주면 효과가 높아집니다. 어떤 방법을 사용하든 자신을 사랑한다는 마음으로 여유를 가지고 이 방법을 따라 해보세요. 그리고 아래에 나의 경험을 적어보세요.

✎ 나의 몸을 어루만졌을 때 어떤 느낌이 들었나요?

🌿 그 느낌이 편안했나요?

_____

_____

_____

🌿 다른 사람의 손길이 아닌 직접 쓰다듬었을 때 더 좋았던 부위가 있나요?

_____

_____

_____

_____

🌿 싫었던 점은 무엇이고 이유는 뭔가요?

_____

_____

_____

_____

맛 음미하기

초콜릿(견과류나 혹은 새콤한 과일처럼 맛이 비슷한 음식) 세 종류를 구입하세요. 초콜릿을 접시에 놓고 물 한 컵과 연필 그리고 이 책을 준비합니다. 세 종류의 초콜릿을 하나씩 맛보면서 마음에 떠오르는 모든 것을 적습니다. 집중해서 맛을 음미하고, 그 맛이 불러일으키는 신체적 감각, 그로 인해 떠오르는 서로 다른 맛과 기억, 감정을 표현해봅니다. 상세하게 표현할수록 좋습니다. 최소한 5분 동안 이 과정을 진행한 다음, 접시를 모두 비우고 물을 한 모금 마십니다. 그리고 다음 단계로 넘어갑니다.

세 가지 맛이 서로 어떻게 달랐나요?

1 _____

2 _____

3 _____

05

나에게 맞는 음식

주변에는 음식에 대한 광고와 홍보물이 넘쳐나고, 그런 광고를 보다 보면 이번 주에 무엇을 먹을지 깊은 고민에 빠집니다. 그런데 음식을 먹은 후 그 느낌에 집중하면 어떤 음식이 나에게 잘 맞는지 알 수 있죠.

🌿 먹은 후에 기분이 좋았던 음식 다섯 가지를 적으세요.

1 _____

2 _____

3 _____

4 _____

5 _____

🖋 먹은 후에 기분이 나빴던 음식 다섯 가지를 적으세요.

1 _____

2 _____

3 _____

4 _____

5 _____

맛없는 음식을 먹었다는 사실은 인정하되 죄책감은 훌훌 털어
버리세요. 그 음식이 나에게 어떤 영향을 미쳤는지 파악하고,
앞으로 그런 음식을 먹지 않도록 잘 관리해나갑니다.

06
건강한 음식

사람들은 바쁘고, 지쳐 있고, 끊임없이 일하는 탓에 음식을 잘
못 고르기도 합니다. 오랜 시간 활동하기 위해서는 에너지가
필요합니다. 하지만 평소 아무런 준비 없이 생활하기 때문에
손쉽게 구할 수 있고 영양도 좋지 않은 간편식을 먹기 일쑤죠.

> ↘ 가지고 다닐 수 있는 건강식 세 가지를 아래에 적어봅니다.

1 _____

2 _____

3 _____

다음 장을 볼 때 건강에 좋은 음식 몇 가지를 산 다음, 외출할
때마다 조금씩 가지고 나갑니다. 그리고 사무실 책상 위에도
가져다 놓으세요.

07
물 마시기

성인은 하루에 8잔 이상의 물을 마셔야 한다는 것이 상식이라고 알려져 있죠(이는 생수 판매업자들이 퍼뜨린 속설입니다). 물론 우리 몸은 하루에 2~3리터가량의 수분을 섭취해야 합니다. 그런데 그중 20퍼센트는 음식으로, 나머지는 액체로 충족합니다. 인간이 활동하는 데 필요한 에너지는 열을 발생시키는데, 이때 우리가 섭취한 수분이 땀으로 배출됩니다. 호흡과 소변을 통해서도 수분이 빠져나갑니다. 약간만 탈수가 되어도 피로나 어지러움 같은 심각한 증상이 나타나죠.

몸에 수분이 부족한 것을 정당화하는 변명은 없습니다. 탈수의 원인은 단 한 가지, 게으름입니다. 물을 자주 섭취하는 건 어려운 일이 아닙니다. 아침에 일어나면 우선 큰 병에 물을 담아 준비해둡니다. 그리고 일터에 가져간 물을 일하는 동안 컵이나 머그잔에 따라서 조금씩 자주 마십니다.

하루 동안 물을 한 잔 마실 때마다 아래 병 모양 그림에 색칠하세요.

오늘은 충분히 물을 섭취했나요?

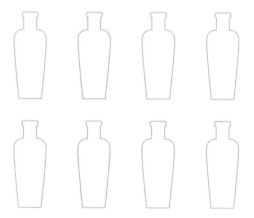

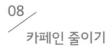

08
카페인 줄이기

가장 많이 소비되는 향정신성 약물이 무엇일까요? 네, 카페인입니다. 카페인은 커피, 차, 초콜릿, 에너지 음료 등에 들어 있죠. 카페인은 각성 효과가 있어서 불면증과 공황장애를 일으키기도 하지만, 인내심을 높이거나 일부 질병을 예방하는 효과도 있습니다.

 나에게 카페인이란?

_____

 하루에 카페인을 얼마나 섭취하나요?

_____

 그럼 좋아해서 섭취하나요? 아니면 습관적 섭취인가요?

_____

 카페인이 나에게 어떤 영향을 미치나요?

_____

마지막으로 카페인을 섭취한 것은 언제인가요?

 카페인이 수면의 질에 영향을 주나요?

_____

_____

 이틀 이상 카페인을 섭취하지 않은 것은 언제인가요?

_____

 나를 돌보는 데 카페인이 긍정적으로 작용하나요, 부정적으로 작용하나요?

 생활에 어떤 영향을 미치는지 구체적으로 적어보세요.

_____

_____

커피를 완전히 끊어보세요. 그다음 천천히 다시 커피를 마시기 시작하되, 커피를 중단하는 기간을 다양하게 조절해보면 위 질문에 대답하는 데 도움이 될 겁니다.

09

더 많이 움직이기

운동해야 한다는 사실은 누구나 알고 있지만, 아는 만큼 실천하지는 않습니다. 하지만 평소보다 아주 조금만 몸을 더 움직여도 건강에 도움이 되죠. 무엇이든 그럴 만한 가치가 있다는 것입니다. 회사에서 주차장을 한 바퀴 돌고, 계단을 더 자주 이용하고, 버스에서 한 정거장 먼저 내려서 걷는 것 정도로도 충분히 효과를 얻을 수 있어요.

하루 동안 조금 더 움직이는 방법 다섯 가지를 적습니다.

즐거운 마음이 드는 행동이라면 무엇이든 상관없습니다.

중요한 것은 내가 좋아하고 지속적으로 할 수 있어야 합니다.

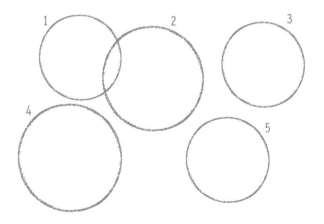

10

삶의 질이 올라가는 수면 방법

질 좋은 수면은 원활한 활동을 위해 반드시 필요합니다. 요즘 사람들은 충분한 수면을 취하지 못합니다. 대신 여기저기서 20~30분 정도 낮잠을 자는 것은 밤에 깨지 않고 푹 자는 것만큼 도움이 되죠. 수면 패턴이 뒤죽박죽일수록 몸은 제대로 기능하지 못합니다. 그러므로 주말에도 일정한 시간에 일정한 정도 수면을 취하는 것이 이상적입니다. 정해진 수면 시간을 지키고 내 몸이 잠들 준비를 하기 위해서는 긴장을 푸는 몇 가지 행동을 의식처럼 정해놓는 것이 도움이 됩니다. 이를테면 설거지를 하고 주위를 정돈한 뒤 휴대전화나 노트북 등 모든 전자기기를 끄고 샤워를 한 다음 10분 정도 책을 읽다 잠이 드는 것입니다.

잠들기 전에 매일 할 수 있는 행동 다섯 가지를 정해

긴장을 푸는 의식을 만들고 실천해보세요.

1 _____

2 _____

3 _____

4 _____

5 _____

11
정기검진 받기

신체적 건강을 관리하는 것도 자기 돌봄에 포함됩니다. 우리는 정기적으로 치과와 병원에 들러 검진을 받고, 필요한 물리치료를 하거나, 약을 복용하는 것은 물론 예방접종과 상담 치료, 자궁경부암 진단과 성병 검사 등 건강을 유지하기 위한 활동을 지속적으로 할 필요가 있습니다. 그다지 유쾌한 활동은 아니지만, 이는 자기 돌봄에 아주 중요한 부분입니다.

 정기적으로 예약해서 검진이나 치료받을 필요가 있는 목록을 만듭니다. 그리고 지금 당장 관리가 필요한 항목을 적습니다.

예약하는 것만으로도 기분이 좋아질 겁니다!

검진/치료 항목 : _____

일정 : 매주 ____ 요일 /매달 ____ 일 / 매년 ____ 월

다음 예약일 : _____

검진/치료 항목 : _____

일정 : 매주 ____ 요일 /매달 ____ 일 / 매년 ____ 월

다음 예약일 : _____

검진/치료 항목 : _____

일정 : 매주 ____ 요일 /매달 ____ 일 / 매년 ____ 월

다음 예약일 : _____

검진/치료 항목 : _____

일정 : 매주 ____ 요일 /매달 ____ 일 / 매년 ____ 월

다음 예약일 : _____

"괴물과 싸우는 사람은 그 과정에서 자신마
저 괴물이 되지 않도록 주의해야 한다.
그리고 그대가 오랫동안 심연을 들여다볼 때
심연 역시 그대를 들여다본다."

_프리드리히 니체 Friedrich Nietzsche

마음

MIND

↘ 마음이란?

'생각'은 종종 뒤죽박죽되어버리기도 합니다. 반면 마음은 아주 강력한 도구가 됩니다. 마음을 따뜻하고 애틋하게 다독인다면 우리의 가장 큰 자산이 될 수 있습니다. 사람들은 각자 집착하는 내면의 소리가 있는데, 그것이 늘 도움되는 것은 아닙니다. 내면의 소리가 비판과 비난 일색이거나 너무 가혹할 때, 우리는 자신과의 싸움에 갇혀버립니다. 스스로 엄격하기보다는 너그러운 태도로 자신에 대한 애정을 표현할수록 우리는 심리적으로 더 건강해질 수 있습니다.

↘ 준비하기

마음에서 일어나는 내면의 활동을 중점적으로 다룰 겁니다. 우선 '잠시 멈춤'을 통해 무차별적으로 쏟아지는 외부 자극에서 잠시 벗어나는 것으로 시작하겠습니다. 그리고 외적, 내적으로 우리를 둘러싸고 있는 낮은 수준의 부정적인 상황과 감정에서 벗어나는 연습을 하겠습니다. 나를 비롯한 주위의 사람들 대부분은 날씨나 출퇴근 거리, 자신의 상사에 대해 하루 종일 불평하며 부정적인 감정을 드러내곤 합니다. 우리는 어떤 형태의 정보를 받아들일지, 그것이 우리의 감정과 사고에 어떤 영향을 미치는지 특별히 고민하거나 신중히 생각하지 않고 미디어, 특히 SNS를 소비하죠. 미디어는 사람들의 시선을 끌도록 만들어지기 마련이며, 인간의 심리에는 중립적이거나 긍정적인 사건보다 부정적인 것에 의해 더 큰 영향을 받는 '부정 편향negativity bias'이 작동합니다.

'나를 괴롭히는 문제가 있다면'에서는 감당하기 어려운 상황을 처리하는 과정에서 감정적 부담을 줄이는 데 도움이 되는 방법을 살펴볼 겁니다. 이 과정을 통해 부정적이고 어려운 상황을 인정하고 받아들이며 흘려보내는 연습을 해보세요. 다음으로 자신에 대해 어떻게 생각하고 있는지 살펴볼 겁니다. 우리는 매일 다양한 종류의 미디어를 접하고, 그곳에는 흠잡을 데 없이 완벽한 자신의 모습을 항상 업데이트하는 사람들의 사진이 넘쳐납니다. 그것을 보며 우리는 우리의 내면과 그들의 겉모습을 비교하곤 하죠. 이런 식으로 나와 다른 이들을 비교하게 되는 원인은, 내 생각과 기분은 분명하게 알고 있는 반면 타인의 삶은 미디어 속 사진을 통해 완벽해 보이는 겉모습만을 접하기 때문입니다. 그래서 그들도 대부분 나와 마찬가지로 문제가 있다는 것을 완전히 이해하지 못하는 것이죠. '비교병 치료하기'에서는 부정적인 방식으로 다른 사람들과 자신을 비교하던 것을 긍정적인 형태로 바꾸는 방법을 알아볼 겁니다.

자기비판과 부정적인 생각을 나를 위로하는 기본적인 도구로 바꾸는 연습을 해볼 겁니다. 우리는 다른 누구보다 자신을 가장 많이 비난합니다. 하지만 몇 가지 연습을 통해 자신에 대한 태도를 바꿀 수 있어요. 부정적인 감정과 그것이 차지했던 마음속 공간을 정리하면서 내가 정말로 원하는 것이 무엇인지 진심으로 이해해보세요. 지금까지 우리는 자신의 깊은 요구와 욕망이 무엇인지 알아보는 시간을 갖는 것을 사치라고 여겨왔지만, '나에게 직접 물어보기'를 통해 그 기회를 가져볼 겁니다. 마지막으로 나를 위한 비밀의 유리병과 소확행 리스트를 통해 부정 편향을 극복하고 더 긍정적인 기억과 경험으로 우리의 마음을 다시 채워볼 겁니다. 이 장에서 나와 내가 생각하는 방법을 어떻게 바꾸어나갈지 확실하게 정리한 다음, 다음 단계로 넘어가겠습니다.

12

잠시 멈춤

조용한 장소를 찾아 자리를 잡고 눈을 감습니다. 3분 동안 애정 어린 마음과 호기심을 가지고 자신에게 집중합니다. 평소에는 느끼지 못했던 호흡, 몸, 생각, 감정, 감각과 같은 것들이 구름처럼 당신을 스쳐 지나가게 합니다. 어떤 판단도 하지 말고 느껴지는 것들이 그대로 흘러가게 두세요.

🌿 아래의 구름 모양에 나를 스쳐 지나가는 생각과 감정을 적어 넣습니다.

13
잠시 멈춰보는 하루

알람을 맞춰놓고 하루에 네 번, 3~4시간에 한 번씩 3분 동안
모든 것을 멈추는 시간을 갖습니다.

✎ 잠시 멈춤 하는 시간마다 어떤 생각이 들었나요?

시간 : _____   시간 : _____

떠오른 생각 : _____   떠오른 생각 : _____

_____   _____

시간 : _____   시간 : _____

떠오른 생각 : _____   떠오른 생각 : _____

_____   _____

매일 이런 연습을 할 필요는 없습니다. 그 대신 때때로 하루를
온전히 바쳐서 이 연습을 한다면 지금 내가 무슨 생각을 하고
있는지 확인할 수 있죠. 꼭 한번 해보세요.

마음

14
뉴스 없는 주말

부정적인 사건은 자석처럼 사람들의 이목을 끌어당깁니다. 24시간 뉴스가 계속 보도된다는 것은 언제나, 뉴스거리가 없을 때조차도, 볼 뉴스가 있다는 것을 의미합니다. 이런 뉴스를 너무 많이 보다 보면 공포심을 느끼고 공격성을 드러낼 뿐만 아니라 창의적 생각이나 능력 발휘에 방해가 됩니다. 이번 주말에는 뉴스를 보지 않는 뉴스 휴일을 가져보세요.

❧ 뉴스를 보지 않고 보낸 주말 기분은 어땠나요?

_____

_____

❧ 뉴스 보는 시간을 아껴서 대신 관심 있던 사회 활동에 적극적으로 쓴

다면 어떤 일이 가능할까요? (아마도 앰네스티를 대신해 인권 침해로 어려

움을 겪는 이들에게 편지를 쓰거나 노숙자에게 나누어줄 세면도구 세트를 만

들어볼 수 있을 겁니다.)

_____

_____

❧ 주말이 지난 후에 뉴스를 보지 않고 지내며 어떤 느낌을 받았는지

세 단어로 써보세요.

1 _____

2 _____

3 _____

15

불평 줄이기

불만이란 '어떤 상황이 만족스럽지 않거나 그런 상황을 받아들일 수 없는 상태'를 말합니다. 이번 단계에서는 내면에 있는 부정적인 것을 내보내는 연습을 해보겠습니다. 하루 동안 느꼈던 불만스러운 점들을 잘 기억해두었다가 말로 표현하기 전에 그것을 흘려보내세요.

 하루 동안 자주 느꼈던 불만스러운 점들이 있다면 무엇이든 적어보세요.

_____

_____

 내가 불만스럽게 생각했던 점에 특정한 주제가 있나요?

_____

_____

내가 어떤 부분에서 지속적으로 불만을 느끼는지 정확하게 안다면, 그 불만이 얼마나 나를 괴롭히는지 깨닫게 됩니다. 그것을 고치기 위해 어떻게 해야 하는지 알고 있나요?

혹은 불만을 느끼는 것들을 좀 더 긍정적으로 생각해볼 수 있나요?

마음

16

나를 괴롭히는 문제가 있다면

내 앞에 놓인 문제를 처리하거나 고치기 위해, 혹은 그 문제를 해결하고 계속 일을 진행해나가기 위해서는 무엇이 문제인지 적어보고 정확히 이해하는 것이 도움이 됩니다. 가장 효과적인 방법은 일주일 안에 같은 문제에 대해 약 15분 동안 3회에 걸쳐 다음의 방법을 해보는 것입니다. 이전에 적었던 것을 보관할 필요는 없습니다. 적는 즉시 쓰레기통에 버리세요. 그것이 가장 효과적입니다.

🖊 15분 동안 나를 괴롭혀온 문제들을 별도의 종이에 적어보세요. 이번 주 안에 이 과정을 두 번 더 진행합니다. 반드시 이 책에 쓸 필요는 없지만, 이 책에도 적어두세요.

✎ 적어보기 전, 괴롭히던 문제에 대해 어떤 느낌이 들었나요?

✎ 적어본 다음, 나를 괴롭히는 문제에 대해 어떤 느낌이 드나요?

나를 괴롭히는 다른 문제에 대해서도 같은 방법을 사용해보세요.

마음

17
비교병 치료하기

자신이 성취한 것을 다른 사람의 것과 비교하는 아주 나쁜 습관을 가진 사람들이 많습니다. 그중에서 가장 나쁜 것은 자신의 암울한 생각을 인스타그램을 통해 걸러진, 표면적으로는 화려하게 보이는 사람들의 삶과 비교하는 것입니다. 이제 생각을 완전히 바꿔보세요. 다른 사람들과 비교하면서 자기혐오를 키우기보다는 다른 사람들의 삶을 통해 새로운 영감을 얻어보는 겁니다.

내가 존경하는 사람 네 명과 그 사람에게서 본받고 싶은 점을 한 가지씩 함께 적습니다.

존경하는 사람 : _____

존경하는 점 : _____

_____

떠오른 생각 : _____

_____

존경하는 사람 : _____

존경하는 점 : _____

_____

떠오른 생각 : _____

_____

존경하는 사람 : _____

존경하는 점 : _____

_____

떠오른 생각 : _____

_____

존경하는 사람 : _____

존경하는 점 : _____

_____

떠오른 생각 : _____

_____

마음

18
나를 응원해주기

머릿속에는 자신을 부정하는 생각이 돌아다니는 회로가 있습니다. 심리학자들은 이것을 '자기비판'이라고 하는데, 이것은 무엇보다 자신을 사랑하는 데 큰 걸림돌입니다. 이제 자신을 부정하는 생각을 없애고 긍정적인 생각으로 바꾸는 방법을 연습해보겠습니다.

아래 그림을 나를 응원해주는 가장 친한 친구이자 든든한 조력자로 만들어보겠습니다. 이 그림에 이름을 지어주고 성별, 특징, 직업, 성격, 옷, 인생관 등도 정해주세요.

CHAPTER 1

19

내게 힘이 되는 말

스스로 나의 조력자가 되어 나에게 편지를 써보세요.

조력자와 나는 어떤 관계인가요? 그가 나에게 어떤 이야기를 해줄
까요? 나를 사랑하는 그는 나에게 어떤 태도일까요? 나를 인정해
줄까요? 비판하지는 않을까요? 최근에 내가 고민하는 문제에 대해
어떤 말을 해줄까요?

_____ 에게

20
나에게 직접 물어보기

앞에서 나의 몸이 필요로 하는 것에 대해 직접 물어보았습니다. 이제 마음에 물어볼 차례입니다. 거울을 보면서 직접 물어보거나(어색하지만 이 방법이 가장 효과적입니다) 종이에 적으세요. 각각의 질문에 충분히 시간을 가지고 대답하세요. 자신을 검열하지 않도록 하세요. 나의 대답이 곧 진실이라고 할 수는 없지만, 그 대답을 통해 그 순간 내가 느끼는 감정에 대한 통찰을 얻을 수 있을 겁니다.

⬊ 어떤 부분이 내가 나를 잘 돌보지 못한다고 느끼게 하나요?

_____

_____

⬊ 내가 원하는 것은 무엇인가요?

_____

⬊ 내가 필요로 하는 것은 무엇인가요?

_____

🌿 내가 동경하는 것은 무엇인가요?

🌿 이 순간 나를 즐겁게 해주는 것은 무엇인가요?

🌿 나에게 평온한 느낌을 주는 것은 무엇인가요?

🌿 내 인생에서 가장 기분 좋은 일은 무엇입니까?

🌿 나를 기분 좋게 해주는 사람은 누구인가요?

🌿 어떤 감정을 더 느끼고 싶나요?

🌿 아래에 나만의 질문을 적어보세요.

마음

21
나를 위한 비밀의 유리병

🌿 유리병을 하나 준비하세요.

(준비한 유리병을 예쁘게 꾸며도 좋습니다.)

즐거운 일이나 놀라운 일이 있을 때 나중에 읽어도

충분히 기억을 떠올릴 수 있을 만큼 그 일에 대해

상세히 적어서 유리병에 넣은 다음 나중에 펼쳐보세요.

아주 사소한 일이나 아주 커다란 사건도 상관없습니다.

햇살 좋은 날 즐거운 시간을 보냈거나 친구와 행복하게

지낸 저녁 시간에 대해 적어보세요.

힘든 하루를 보냈을 때, 유리병 안에서 즐거웠던 일들을

적은 종이를 하나씩 꺼내어 읽으면서 나는

부정 편향을 영향을 받지 않는다고 생각하세요.

22

소확행 리스트

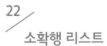 나를 행복하게 하는 작은 행동 20개를 적으세요.

행복해지고 싶을 때 원하는 하나를 선택해서 실행해봅니다.

1 _____

2 _____

3 _____

4 _____

5 _____

6 _____

7 _____

8 _____

9 _____

10 _____

11 _____

12 _____

13 _____

14 _____

15 _____

16 _____

17 _____

18 _____

19 _____

20 _____

마음

"행복의 문 하나가 닫히면 다른 문이 열린다.
하지만 우리는 닫힌 문을 너무 오래 바라보느라
열린 문을 보지 못한다."

_헬렌 켈러 Helen Keller

감정

EMOTIONS

↘ 감정이란?

느낌과 감정은 다루기 어려운 부분입니다. 우리는 나 자신과 내가 느끼는 감정을 동일시하려는 경향이 강하며, 실제로 그 둘을 구분하기는 쉽지 않습니다. 하지만 우리가 잊고 있는 사실은 우리에게는 감정 자체를 변화시킬 능력이 있다는 것입니다.

한편 문화에 따라 감정을 드러낼 수 있는 상황과 그렇지 못한 상황이 있습니다. 직장 동료가 처음 출근하는 날과 내 아이가 학교에 입학하는 첫날 느끼는 자부심과 감동의 크기는 같을 수 없습니다. 문화에 따라 감정을 표현하는 방식도 다릅니다. 사르데냐Sardegna(이탈리아 서부의 섬—옮긴이)에서는 장례식에서 크게 소리 내어 우는 것을 당연하게 여기지만, 런던 교외의 화장장에서 그렇게 우는 것은 아주 부적절한 행동입니다.

↘ 준비하기

이 장에서는 여러 종류의 감정을 다루면서 나를 힘들게 하는 감정을 어떻게 조절하고, 더 긍정적인 감정을 이끌어내기 위해 어떻게 해야 하는지 살펴보겠습니다. 그중 몇 가지 방법은 조금 부담스럽게 느껴질지도 모르지만, 그럴 때는 충분한 시간을 가진 후에 혹은 이 책에 소개된 다른 방법을 실행하는 중간중간 한 번씩 시도해보는 것도 좋습니다.

우선 내가 느끼는 미묘하고 다양한 감정들을 자세히 살펴보고 분류하며, 그런 감정을 표현하는 어휘를 배워볼 겁니다. 누구나 자신의 감정을 정확하게 설명할 수 있는 것은 아닙니다. 하지만 자신의 감정을 정확하게 인식할수록 감성 지능이 발달하고, 더 적절한 방법으로 자신의 감정에 대처할 수 있습니다. 감정을 표현하는 어휘를 익힌 다음에는 자신의 감정을 억누르거나 변형시키지 않고, 어떤 선입견도 없이 내가 느끼는 감정이 무엇인지 살펴보는 '나의 감정 느끼기' 연습을 해보겠습니다. 감정을 인정한다는 것은 부정적인 감정을 피하고 억누르고 지워버리려 불필요한 에너지를 소비하지 않기 위한 과정으로, 불편한 감정까지 좋아해야 한다는 의미는 아닙니다. 이후에도 부정적 감정은 사라지지 않고 그대로 남아 있을지 모르지만, 이 과정을 통해 부정적 감정과 화해한다면 내 삶이 더 가치 있는 방향으로 나아 가게 하는 데 더 많은 에너지와 노력을 쏟을 수 있습니다.

또한 감정의 트리거(생각, 행동의 변화 혹은 심리적 반응을 촉발하는 계기—옮긴이)를 관리하는 방법에 대해 다뤄보겠습니다. 어떤 상황에서 어떤 생각을 떠올릴 때 자신이 과잉반응하는지 아는 것은 실제로 큰 도움이 됩니다. 이것을 아는 사람과 모르는 사람은 같은 상황에 놓였을 때 감정적으로 전혀 다른 반응을 나타냅니다. 자신의 감정을 세심하게 살펴보면 앞으로 유사한 상황에서 어떤 반응을 보일지 더 깊게 이해할 수 있습니다.

다음으로 '수치심 버리기'와 '비밀 털어놓기'에서 수치심과 죄책 감을 살펴볼 텐데요. 죄책감은 나의 행동이 이상적인 기준에 맞지 않는다는 생각에서 기인합니다("죄송합니다. 제가 실수를 했어요"). 수치심은 나의 존재가 이상적인 기준에 맞지 않는다는 생각에서 비롯됩니다("죄송해요. 제 존재 자체가 실수네요"). 이 차이를 분명하게 구분한다면, 두 개의 감정에 대해 다른 방식으로 대처가 가능합니다. 죄책감을 느낄 때는 존재와 행동을 분리할 수 있습니다. 죄책감이란 위에서 언급한 잘못된 행동이 부정적으로 관련되어 있기 때문입니다. 수치심은 나의 존재와 근본적인 정체성이 완전히 잘못된 것이며, 궁극적으로 나는 사랑받지 못하는 존재라는 생각과 연결되어 있습니다. 우리는 종종 너무 높은 기준을 자신에게 들이대며 스스로 용서하지도, 앞으로 나아가지도 못하고 양심의 가책을 느끼며 과거의 잘못에 얽매여 있습니다. '나를 용서하기'에서는 과거에 얽매여 있던 나를 놓아줄 수 있도록 나만의 용서의 의식을 만들어보겠습니다.

앞에서 말한 과정을 마친 후에는 좀 더 긍정적인 감정을 다룰 것입니다. 우선 조금 잘못되었거나 쓸데없는 일인 줄 알지만, 나에게는 기쁨이 되는 행동인 길티 플레져(죄책감을 느끼거나 해서는 안 된다는 것을 알면서도 심리적 만족감을 느끼며 즐기게 되는 행동—옮긴이)를 즐기고 웃음 리스트를 만들며 활력이 되어줄 것이 필요한 순간을 위한 도구를 찾아보겠습니다. '미소 짓기'에서는 말 그대로 미소를 짓는 연습을, 행복한 기억 떠올리기에서는 나의 소중한 기억을 통해 떠올릴 수 있는 복합적인 감정을 속속들이 들여다보며 그 기억에 대해 새로운 경험을 해볼 겁니다. 마지막으로 내가 좋아하는 글귀를 통해 나에게서 한 발자국 떨어져서 다른 이들에게서 영감을 얻어볼 겁니다. 자기 돌봄에 관한 것이든 또 다른 긍정적 감정에 관한 것이든, 다른 사람들이 들려주는 조언을 들으며 행복한 기분으로 이 장을 마칠 수 있을 겁니다.

23
미묘하고 다양한 감정들

사람들 대부분이 분명하게 느끼는 감정이 있습니다. 즐거움, 슬픔, 분노, 경이, 역겨움, 두려움과 같은 감정은 거의 모든 나라의 문화에서 공통적으로 나타나죠. 하지만 어떤 감정은 조금 복잡해서 그 감정의 아주 섬세한 부분까지는 잘 이해하지 못합니다. 내가 느끼는 감정에 정확한 이름을 붙이는 것은 그 감정에 대한 우리의 반응과 행동을 조절하는 데 도움이 됩니다.

🖋 아래 단어는 감정 목록입니다. 앞으로 3일 동안 어떤 감정을 느낄 때마다 그 감정을 표현하는 적당한 단어에 표시하세요.

☐ 주저하다	☐ 침착하다	☐ 기쁘다
☐ 존경스럽다	☐ 초조하다	☐ 어색하다
☐ 질투심을 느끼다	☐ 죄책감을 느끼다	☐ 단호하다
☐ 놀랍다	☐ 걱정스럽다	☐ 열정적이다
☐ 비판적이다	☐ 경쟁심이 강하다	☐ 열광하다
☐ 재미있다	☐ 피곤하다	☐ 희열을 느끼다
☐ 경멸하다	☐ 자신 있다	☐ 후회스럽다
☐ 걱정하다	☐ 후회하다	☐ 흥분되다
☐ 슬프다	☐ 만족하다	☐ 자유롭다

☐ 경계하다	☐ 비관적이다	☐ 감사하다
☐ 대담하다	☐ 창의적이다	☐ 행복하다
☐ 용감하다	☐ 결단력 있다	☐ 두렵다
☐ 희망에 넘치다	☐ 긍정적이다	☐ 불쌍하다
☐ 분개하다	☐ 충격을 받다	☐ 흡족하다
☐ 긴장하다	☐ 평화롭다	☐ 안전하다
☐ 즐겁다	☐ 화가 나다	☐ 민감하다
☐ 친절하다	☐ 활발하다	☐ 역겹다
☐ 비통하다	☐ 자랑스럽다	☐ 강인하다
☐ 사랑이 충만하다	☐ 시샘하다	☐ 정신이 멍하다
☐ 운이 좋다	☐ 반항하다	☐ 놀라다
☐ 괴롭다	☐ 다행스럽다	☐ 압도되다
☐ 부끄럽다	☐ 안심하다	☐ 상처받다

🖋 3일 후에 내가 가장 많이 표시한 감정이 무엇인지 생각해보세요.

가장 뜻밖이라고 생각한 부분은 무엇인가요?

또 그렇지 않은 부분은 무엇인가요?

_____

_____

24 정확하게 감정 인식하기

조용한 곳에 앉아 눈을 감아보세요. 나의 감정을 정확하게 인식한다는 건 쉽지 않지만, 당장은 어렵게 느껴지더라도 이것은 장기적으로 도움이 되는 자기 돌봄 활동 중 하나입니다.

최근에 나를 괴롭힌 부정적인 감정이 무엇인지 정확히 생각해내세요. 그 감정을 떠올린 다음 애정과 호기심으로 그 감정을 되돌아봅니다.

1. 부정적인 감정이 무엇인지 나에게 물어봅니다.

   그 감정을 극복하기 위해 어떻게 노력했나요?

   그 감정을 정확하게 정의하고 이름을 붙였나요?

   그 감정을 무시하거나 다른 감정으로 대신하려고

   하지는 않았나요? 그런 감정을 느낀 것에 대해

   자책하지는 않았나요? 그 감정을 극복하려

   노력한 결과는 어떠했나요?

2. 자리에 앉아 그 감정을 느껴봅니다.

말 그대로 자리에 앉아 눈을 감고 어떤 판단도

내리지 말고 그 감정에 집중합니다.

그 감정을 어떻게 설명할 수 있나요?

그 감정을 느낄 때 신체적으로

어떤 느낌이 드나요?

내 몸의 어떤 부분에서 그 감정을 느끼나요?

목이 조여오나요? 장이 뒤틀리나요?

과거의 어떤 기억이나 그 당시에 느꼈던

감정 때문에 이런 증상이 나타난 적이 있나요?

그럴 때 어떤 생각이 드나요?

3. 그 감정에 완전히 집중하되 말로 표현하지는 않습니다.

그냥 그 감정을 느끼세요.

나는 강가의 부드러운 바위이고

감정은 흐르는 물처럼

나를 씻고 흘러가 버리는 것을

상상해봅니다.

25 감정의 트리거

우리는 조용히 앉아서 자신의 감정을 들여다보는 시간을 사치라고 여깁니다. 하지만 이 같은 시간이 주어지지 않으면 감정 조절은 계속해서 힘들어질 겁니다.

감정이란 일순간 감정 트리거가 작동하며 주체 못 할 정도로 폭발하기도 합니다. 이때 터져 나오는 감정은 그 상황에 비추어 볼 때 과잉 반응인 경우가 많습니다. 어떤 상황에서든 우리는 우리의 감정을 인정하고 책임져야 합니다. 또한 그에 따라 발생한 상황에 대해 어떤 행동을 취할지 결정해야 하죠.

🌿 일반적으로 어떤 상황에서 감정이 폭발하곤 하나요?

_____

_____

🌿 가장 자주 내 감정을 폭발시키는 사람은 누구인가요?

_____

_____

🌿 앞에서 말한 상황과 사람의 공통점은 무엇인가요?

_____

_____

🌿 이들 사이에 일관된 주제가 있나요?

_____

나와 내 감정의 트리거 사이의 일관된 주제를 알면, 일단 시간을 내서 각각의 주제에 대해 '나의 감정 인식하기'를 한 다음 '나를 용서하기'로 넘어갑니다.

26

나를 갉아먹는 감정, 수치심 버리기

수치심을 느낄 때 우리는 우리가 본질적으로 잘못되었다는 느낌을 받습니다. 그리고 우리가 충분히 강하지도, 훌륭하지도, 똑똑하지도 않다고 생각하죠. 많은 사람이 이런 생각에 사로잡혀 있지만, 그런 상태로는 제대로 된 삶을 살아가기 어렵습니다. 나의 그런 모습을 다른 사람들에게 들키고 싶지 않기 때문이에요.

> ↘ 내가 간직하고 있던 비밀을 자세히 들여다보고
> 인정함으로써 수치심의 무게를 조금 덜어보세요.
> 우선 나의 비밀을 아래에 간단하게 적어보세요.

_____

_____

_____

_____

여기 적은 나의 비밀을 다른 시각으로 바라본다면 어떻게 이야기하겠어요? 마치 친구에게 전하듯 앞에 적은 이야기에 밑줄을 긋고 색깔 펜으로 주석을 달아보세요. 그러면서 비밀 이야기를 통해 전하고 싶은 마음과 기대를 확인해보세요. 이 이야기를 들은 친구는 어떤 시각으로 이 상황을 바라볼까요?

    나를 용서하기 위해서는 어떻게 해야 할까요?

아래 문장을 크게 말해보세요.

> "괜찮아. 누구에게나 있는 일이야. 너도 사람이잖아."

    이름을 쓰세요. _____

27
비밀 털어놓기

우리는 남에게 들키고 싶지 않은 부끄러운 부분을 감추려고 합니다. 하지만 아이러니하게도 부끄러움에서 벗어날 수 있는 가장 효과적인 방법은 나를 가장 사랑해주는 사람에게 이 사실을 털어놓는 겁니다. 나의 부끄러운 면을 넓은 시각으로 함께 바라보고 공감하며, 모든 사람은 실수한다는 사실을 깨닫게 해줄 수 있는 그런 사람이죠. 하지만 이 과정은 아주 두려운 일일지도 모릅니다.

약점을 공유할 수 있는 사람, 다시 말해 내가 가진 약점에도 불구하고 나를 사랑하는 사람이 아니라 그런 약점을 가졌기 때문에 나를 사랑하는 사람입니다. 부끄러운 나만의 비밀을 다른 사람에게 털어놓는 것에 대해 생각해보세요.

🖎 친구에게 비밀을 털어놓는다면 가장 걱정되는 점은 무엇인가요?

🖎 비밀을 털어놓았을 때 일어날 수 있는 최악의 상황은 무엇인가요?

🖎 입장을 바꾸어 내가 친구의 부끄러운 비밀을 듣게 된다면

나는 어떻게 반응할까요?

용기를 내어 친구에게 부끄러운 비밀을 털어놓으세요.

비밀을 이야기하는 것은 쉬운 일이 아니에요. 왜 비밀을 말하

려고 하는지 먼저 친구에게 이야기해주세요.

28

나를 용서하기

나를 사랑한다는 것은 무능력하고 실패투성이에 이런저런 이유로 괴로워하는 나까지 사랑하는 것을 의미하며, 이를 위해서는 나를 용서하는 것이 가장 좋은 방법입니다.

나를 용서하기 위한 의식을 만들어보세요. 몇 가지 행동을 정한 다음, 나를 용서한다는 의미에서 내가 정한 순서에 따라 의식을 진행합니다. 나의 잠재의식, 특히 '도마뱀 뇌'라고 불리는 원초적 두뇌에는 이런 의식이 도움이 됩니다. 정해진 의식을 적은 다음, 그대로 실행합니다. 다음의 내용은 용서를 위한 의식의 예입니다. 그대로 하지 않아도 괜찮아요. 어떤 것이든 자신에게 맞는 행동을 찾아서 나만의 의식을 만들어보세요.

종이 한 장을 준비해서 간직해온 부끄러운 비밀과 죄책감을 느끼게 하는 것들을 적습니다. 효과가 있다면 특별한 종이나 펜을 사용해도 좋고 컴퓨터로 프린트를 해도 좋습니다. 다음으로 나만의 공식적 용서의 글을 적습니다. 그리고 정해둔 의식을 실행한 다음 그 종이를 태우세요. 부끄럽게 생각하는 것을 적은 종이가 타들어가며 나의 부끄러움도 사라져버리는 것을 상상하는 겁니다. 그리고 나의 부끄러운 비밀은 사라지고 나도 용서를 받았다고 스스로에게 이야기해줍니다.

감정

29

길티 플레져

때로는 아주 단순한 것들을 보고 듣는 것이 도움이 될 때가 있습니다. 가령 유치한 드라마나 로맨스 소설의 에피소드 혹은 최근 개봉한 블록버스터 영화 같은 것이죠. 피곤하고 지쳐 있을 때는 이전에 봤던 것들을 다시 보는 것도 좋습니다. 나 역시 〈뱀파이어 해결사(1992년 개봉한 미국의 액션 코미디 영화. 1997년 3월 10일부터 2003년 5월 20일까지 방영된 드라마—옮긴이)〉를 여러 번 보았습니다.

길티 플레져를 느낄 수 있는 10가지 목록을 적으세요. 기분 전환이 필요할 때 이 목록에 있는 것들을 한다고 해서 절대 죄책감을 느끼지 마세요.

1 _____

2 _____

3 _____

4 _____

5 _____

6 _____

7 _____

8 _____

9 _____

10 _____

감정

30
웃음 리스트

당연한 이야기이지만, 웃음은 여러 가지로 많은 도움이 됩니다. 웃음이 혈액 순환에 도움이 된다는 사실은 잘 알려져 있지만, 면역 체계에 도움이 된다는 것은 잘 모르는 경우가 많습니다. 사람들은 때때로 웃음을 잃어버린 채 인생을 심각하게만 바라보는데, 이것은 인생을 불안하고 꽉 조이게 만듭니다.

나를 웃게 만드는 것 10가지를 적어보세요.

만화책이나 코미디, 시트콤이나 특정한 사람이어도 좋습니다.

오늘 5분 정도 웃을 수 있는 일을 하면서 시간을 보내세요.

1 _____

2 _____

3 _____

4 _____

5 _____

6 _____

7 _____

8 _____

9 _____

10 _____

31
미소 짓기

이상한 소리처럼 들리겠지만, 표정은 기분에 영향을 미칩니다. 우리는 행복할 때 웃습니다. 그런데 반대의 경우도 있습니다. 먼저 웃으면 우리 뇌가 그것을 행복한 상태라고 인식하면서 더 행복함을 느끼기도 합니다. 이것이 '안면 피드백 가설facial feedback theory'입니다.

🍃 기분이 별로 좋지 않은 날엔 더 자주 미소를 지으세요.

웃으며 미소 짓는 나의 모습을 그려보세요.

32
행복했던 기억

기억은 강력한 도구입니다. 과거의 특정한 기억을 떠올리는 것만으로도 우리는 그 당시 느꼈던 감정을 다시 경험합니다. 앞에서 부끄러운 감정을 다루며 이런 연습을 이미 했습니다. 이번에는 행복한 기억에 대해 같은 연습을 해보길 바랍니다.

즐거웠던 기억을 하나 정해 그 내용을 상세히 적으세요.

그 과정에서 느꼈던 다섯 가지 감각을 모두 기록합니다.

우울할 때 이 내용을 꺼내서 읽어보세요.

33
내가 좋아하는 글귀

때로 다른 사람들에게서 인생에 도움이 되는 영감을 얻기도 합니다. 아래의 글귀는 자기 돌봄에 도움이 되는 격언입니다.

자기 돌봄은
이기적인 것이 아닙니다.
비어 있는 그릇으로는 아무것
도 나누어줄 수 없습니다.
_ 작가, 엘리너 브라운 Eleanor Brown

항상 기억하라.
나는 내가 믿는 것보다
더 용감하고, 보기보다
강인하며, 생각하는 것보다
똑똑하다는 사실을.
_ 소설가·극작가, A.A. 밀른 A.A. Milne

할 수 있다면 나에게 주어진 임무는
바로 나라는 존재와 화해하는 것이다.
나의 생각과 외모, 재능 그리고
약점까지도 자랑스럽게 여기기 위해,
그리고 내 모습 그대로 사랑받을 수 없다는
끊임없는 걱정을 멈추기 위해.
_ 작가, 아나이스 닌^{Anais Nin}

내가 사랑하는 것에
내가 포함되지 않는다면
그것은 불완전하다.
_ 심리학자, 잭 콘필드^{Jack Kornfield}

새로운 영감을 받고, 즐겁고, 감사하며, 경이롭고, 사랑받고, 신뢰받고, 인정받는 것과 같은 긍정적인 감정을 얻는 데 도움이 되고 공감이 되는 명언을 찾아보세요.

CHAPTER

2

나를 알아가기

✻

"당신이 행한 봉사에 대해 말을 아껴라,
그러나 당신이 받았던 호의들에 대해서는 이야기하라."

_세네카 Lucius Seneca

RELATI

관계

NSHIPS

↘ 관계란?

다른 사람들과 어떻게 관계를 맺고 사느냐는 행복의 가장 중요한 척도가 되어왔습니다. 주변 사람들과 친밀한 관계를 유지하는 것은 수명을 연장하고 질병에 걸릴 가능성을 낮추며 심리적 안정감을 줍니다. 사람들과의 관계는 양보다 질이 중요합니다. 훌륭한 관계에서는 서로의 삶을 응원하고 각자의 경험과 생활, 긍정적인 감정을 공유하며 대화를 통해 서로 영향을 주고받습니다.

다른 사람을 돌본다는 이유로 자신을 제대로 관리하지 못하는 사람들, 다시 말해 다른 사람을 돌보느라 시간이 없어서 나를 돌보지 못한다고 이야기하는 사람들은 '시간'에 대해 다루는 장에 먼저 눈길이 갈 겁니다. 하지만 사람들과의 관계 대한 이번 장을 '시간'을 다루는 내용과 함께 본다면 더 큰 효과를 얻을 겁니다. 다른 이들과의 관계를 어떻게 설정하느냐가 우리가 자신을 돌보기 위한 시간과 공간을 확보하는 데 아주 중요하기 때문입니다.

사람의 성향에 따라 여기서 얻고자 하는 것이 전혀 달라질 수 있습니다. 외향적인 사람들은 자연스럽게 다른 사람들에게 끌리곤 합니다. 그리고 다른 사람들과 함께 있을 때 힘을 얻는다고 느끼죠. 하지만 때로는 혼자 있는 것도 건강에 도움이 됩니다. 반면 내성적인 사람들은 기운을 내기 위해 혼자 있는 시간을 필요로 할 거예요. 하지만 때로는 여러 사람과 함께 보내는 시간이 필요합니다.

↘ 준비하기

이번 장에서는 우선 자신이 외향적인 사람인지 혹은 내향적인 사람인지를 알아볼 겁니다. 그런 다음 나와 긍정적인 관계를 맺고 있는 사람들에 대해 떠올려보겠습니다. 그리고 서로 다른 사람들이 나에게 어떤 영향을 미치는지 살펴보도록 하죠. 그리고 인생에 부정적인 영향을 미치는 것들을 줄이는 방법을 알아보겠습니다.

'깊은 관계 맺기'에서는 사람들과 관계를 돈독하게 하는 방법을 연습하고, '힘이 되는 사람과 시간 보내기'에서는 다른 이들과 보내는 시간이 나에게 어떤 느낌을 주는지 생각해볼 겁니다. 다음으로 '혼자만의 시간'에서는 혼자 보내는 시간이 나에게 어떤 영향을 미치는지 알아보겠습니다. 이런 활동의 핵심은 사람들과의 관계가 어떤 의미를 갖는지 깨닫는 데 있습니다. 다음으로 '도움 구하기'와 '도와주기'에서는 이런 관계를 맺는 것이 왜 중요한지를 알아볼 겁니다.

마지막으로 '자기 돌봄 친구 찾기'에서는 자신을 돌보기 위한 과정에서 나에게 도움이 되어줄 수 있는 친구, 나 자신을 제대로 돌보고 있는지를 확인해줄 수 있는 사람을 찾아보겠습니다.

사람들과의 관계에 지쳐 있을 때는 혼자서 시간을 보내는 데 집중해야 한다는 것을 잊지 마세요. 최근에 약간 은둔하는 삶을 살았다면 최대한 다른 사람들과 시간을 보내려 노력해보세요. 나머지 행동은 필요할 때 언제든지 할 수 있습니다.

34

나는 외향적일까, 내향적일까?

다른 사람들과 함께 시간을 보낼 때 더 활력이 넘치고 기운이
나는 사람들이 있습니다. 이런 이들이 혼자서 시간을 보내는
것은 스트레스가 되죠. 하지만 또 어떤 사람들은 자신을 돌아
보는 조용한 시간을 갖지 못하면 지치고 힘들어합니다.

사람들의 성향은 상황에 따라 다음의 외향적 성향과 내향적 성향사
이에서 그 위치가 달라집니다. 하지만 어느 한쪽에 더 가까운 위치
에서 그대로 멈추어 있는 사람도 있습니다. 나의 성향에 더 가까운
지점은 어디인가요? 내 성향이 변하는 때는 언제인가요?

내향적 성향 ———————— 외향적 성향

- 내향적인 사람들의 특성

+ 혼자서 시간을 보낼 때
  더 힘이 난다.
+ 사람들과 떨어져 보내는
  시간이 필요하다.
+ 조용하고 개인적인 공간을
  좋아한다.
+ 일대일로 사람을 만나는 것을
  선호한다.

- 외향적인 사람들의 특성

+ 다른 사람들과 함께
  시간을 보낼 때 더 기운이 난다.
+ 혼자 있을 때는 함께
  시간을 보낼 친구들을 찾는다.
+ 많은 자극을 받을 수 있는
  번잡한 공간에서
  더 에너지가 넘친다.
+ 여러 사람을 함께
  만나는 것을 선호한다.

35 나를 사랑하는 사람

최근에 (작든 크든) 어떤 일이든 도움을 주어 고마움을 느꼈던 사람을 최소한 다섯 명 적어봅니다. 이사하는 것을 도와주었거나 펜을 빌려준 사람도 좋습니다. 그저 안부를 묻는 메일을 보낸 사람도 좋습니다.

1

2

3

4

5

잠시 앞에 적은 사람들을 한 명씩 떠올리며 그들이 나의 삶에서 어떤 의미인지를 생각해봅니다. 그리고 그들에게 감사하다는 마음을 느끼세요. 주변 사람들이 나에게 도움을 주었을 때 나 또한 그들에게 관심을 기울여보세요. 이것이 넓은 인간관계를 갖기 위한 조건의 하나라는 사실을 잊지 마세요.

"당신은 혼자가 아닙니다."

36
힘이 되는 사람과 짐이 되는 사람

가장 많은 시간을 함께 보내는 사람은 누구인가요? 짐 론Jim Rohn(미국의 유명한 성공 철학가이자 강연자—옮긴이)은 가장 오랜 시간을 함께 보내는 사람 다섯 명의 평균이 곧 자기 자신이라는 유명한 말을 했습니다. 하지만 가족들이 그들이 나에게 '힘이 되는 사람'이 아니라 '짐이 되는 사람'이라고 한다면 어떡해야 할까요?

우리는 함께 있으면 피곤하고 지치고 진이 빠지는 사람이 누구인지 잘 알고 있습니다. 반면에 함께 커피를 마시고 저녁을 같이 먹은 다음에 더 즐겁고 기분이 좋아지는 이들도 있습니다.

CHAPTER 2

🌿 내가 가장 많은 시간을 함께 보내는 사람 다섯 명의 이름을 적으세요.

1 _____

2 _____

3 _____

4 _____

5 _____

🌿 위에 적은 사람들이 배우고 싶은 자질을 가졌나요?

내게 좀 더 필요한 자질과 그렇지 않은 자질은 무엇인가요?

위 사람 중에 함께하는 시간을 줄이고 싶은 사람이 있나요?

_____

_____

_____

_____

37

주변 사람 돌아보기

인생에서 누가 '짐이 되는 사람'이고 누가 '힘이 되는 사람'인지를 이해하는 것은 살아가는 데 큰 도움이 됩니다. 자신의 인간관계를 제대로 파악하고 있다면 최고의 내가 되기 위해 도움이 되는 사람이 누구이며, 가급적 연락을 하지 말아야 하는 사람이 누구인지 결정할 수 있습니다.

✎ SNS와 이메일 주소록, 크리스마스 카드를 보내는 사람들의 리스트를 참고하여 친구들의 이름을 모두 적습니다. 모든 사람의 이름을 적을 필요는 없어요. 그 대신 내가 특정한 기준으로 분류할 수 있는 사람들의 목록을 적으세요.

✎ 내게 힘이 되는 사람을 동그라미로 표시하거나 형광색으로 표시합니다. 내게 짐이 되는 사람을 다른 색 동그라미로 표시하거나 형광색으로 표시합니다.

두 가지 색의 비율이 어떻게 되나요? 힘이 되는 사람보다 짐이 되는 사람이 더 많은가요, 혹은 그 반대인가요? 겉보기와 상관 없이 나를 돌보는 데 방해되는 사람이 있나요? 혹은 도움이 되는 사람이 있나요?

이번 주에 더 많은 시간을 함께 보내고 싶은 사람 한 명을 선택해서 또 다른 색으로 동그라미 표시를 합니다.

38

내가 만날 사람들

혹시 의무감 때문에 많은 사람을 만나고 있나요?

 앞으로 7일 동안 내가 만나야 할 사람들을 떠올립니다.

각각의 사람들을 만날 때 어떤 기분이 들지 적어봅니다.

이름 : _____ 관계 : _____

만나는 이유 : _____

만났을 때의 느낌 : _____

_____

_____

이름 : _____ 관계 : _____

만나는 이유 : _____

만났을 때의 느낌 : _____

_____

_____

이름 : _____ 관계 : _____

만나는 이유 : _____

만났을 때의 느낌 : _____

_____

_____

이름 : _____ 관계 : _____

만나는 이유 : _____

만났을 때의 느낌 : _____

_____

_____

긍정적인 감정을 느끼게 해주는 사람 혹은 내게 힘이 되는 사
람과 함께 시간을 보냈을 때 나에게 무슨 일이 일어났나요?

39

부정적인 사람은 내 영역에서 밀어내기

앞에서 이야기했듯이, SNS가 항상 도움이 되는 것은 아닐 뿐만 아니라 보기보다 위험할 수 있습니다. 겉으로는 사람들과 관계를 유지하는 좋은 방법처럼 보이기 때문입니다.

페이스북과 트위터에서 친구 관계나 팔로잉을 끊고 중독에서 벗어나서 SNS 때문에 받았던 낮은 수준의 스트레스에서 벗어나세요. 한 번에 SNS 친구 관계를 끊는 것이 너무 과하다고 생각되면, 적어도 알람을 꺼놓고 나의 뉴스피드에 올라온 친구들의 새로운 게시물을 보지 않고, 그와 동시에 SNS 때문에 부정적인 영향을 받지 않도록 합니다. 그러면 SNS에서 친구로 남아 있으면서도 친구들의 새로운 게시물을 더는 읽을 필요가 없습니다. 친구들은 내가 그들의 게시물을 보지 않는다는 사실을 알지 못하고, 나는 부정적이거나 신경 쓰이는 친구들의 게시물을 읽지 않을 수 있습니다. SNS의 댓글에는 내가 읽고 싶어 하지 않는 글이 넘쳐난다는 것을 분명히 알아두세요.

최근에 친구들이 SNS에 일상을 업데이트한 내용 중에서

즐겁게 읽었던 것 세 가지를 적어보세요.

1

2

3

40
깊은 관계 맺기

다른 사람들과의 관계에 관심을 기울이면서 영향을 많이 받는 사람일수록, 그 관계를 통해 긍정적인 결과를 얻을 수 있습니다. 앞에서 적었던 내 인생에 힘이 되는 사람들 중 한 명을 선택합니다. 그리고 그 사람과의 관계를 돈독하게 해줄 수 있는 질문 몇 가지를 생각합니다.

'예' 혹은 '아니오'로 대답할 수 없는 열린 질문 몇 가지를 생각해서 적어보세요.

🌿 나의 개인적인 문제에 구체적인 조언을 요구하는 질문

🌿 상대방의 꿈이나 미래에 대한 질문

🌿 상대방의 과거에 대한 질문

🌿 어떤 것에 대한 상대의 느낌에 대한 질문

🌿 상대의 삶에 대한 더 깊은 질문

관계

41

힘이 되는 사람과 시간 보내기

슬프거나 피곤하거나 불행할 때 사람들과 함께 있는 것을 꺼리는 이들이 있습니다. 그런 사람들은 종종 자취를 감추기도 합니다. 하지만 내향적인 사람도 다른 사람들과 사회적 관계를 유지할 때 기분이 더 좋아집니다. 혼자 지내는 시간과 가까운 사람들과 함께 보내는 시간 사이에 균형을 유지할 필요가 있습니다.

다른 사람들과 함께 보내는 시간이 얼마나 되나요?
그 시간에 어떤 느낌을 받나요?

_____

_____

살면서 만난 사람 중에서 함께 있을 때 가장 편안했던 사람은
누구인가요? 그 사람의 어떤 면 때문에 편안함을 느꼈나요?

_____

_____

🍃 다른 사람과 시간을 보낼 때 즐겁나요?

사람들과 함께 있을 때 불편한 점은 무엇인가요?

_____

_____

🍃 내 인생에 힘이 되어준 사람 중 한 명을 선택한 다음 그 사람과

약속을 잡으세요. 이상적으로는 일대일로 만나는 것이 좋지만

전화를 하는 것도 좋습니다. 누구와 언제 약속을 잡았나요?

_____

_____

42
혼자만의 시간

다른 사람들과 오랜 시간을 함께 보내면서 그들을 돌보느라 자기 일에 집중하지 못하는 사람들이 생각보다 많습니다. 그러나 누군가에게 신경을 쓸수록 나 자신에 집중할 수 있는 시간은 줄어든다는 걸 알아두세요.

외부 자극이 없는 곳에서 혼자 생각하며 시간을 보내는 것은 건강에 도움이 됩니다. 혼자 짧게 산책을 하거나 누구의 방해도 받지 않고 조용히 목욕하는 것에서 시작해봅니다. 식당에서 혼밥을 하거나 혼자 영화관에 가는 것처럼 홀로 하기에 주저되는 행동까지 발전시켜보세요.

마지막으로 혼자 있었던 적은 언제인가요? 그때 어떤 느낌이 들었나요?

얼마나 자주 혼자 시간을 보내나요? 혼자 있는 시간에 주로 무엇을 하나요?

_____

_____

혼자 있을 때 나를 두렵게 하는 것은 무엇인가요?

혼자 있을 때 가장 즐거운 점은 무엇인가요?

_____

_____

오늘은 최소한 30분 이상 혼자 시간을 보내보세요.

43 도움 구하기

누군가를 돕는 것은 도움을 주는 사람과 도움을 받는 사람 모두에게 매우 유익한 일입니다. 관계에서는 균형을 유지하는 것이 중요하죠. 항상 도움을 주기만 하고 절대 도움을 받지 않는 사람은 도움을 받기만 하는 사람만큼 주위 사람들을 당황하게 만들어요. 사람들은 도와달라는 부탁을 받았을 때 기쁨을 느끼고 누군가 자신을 필요로 한다는 사실에 즐거워하니까요.

이번 주에 누군가에게 도와달라고 한 적이 있나요? 살아가면서 하기 싫고 괴로운 일들은 어떤 것이 있을까요?

내가 하기 싫은 분야 다섯 개를 정한 다음 나를 사랑하는 사람이나 힘이 되는 사람으로 적었던 친구들의 목록을 보고 각 분야마다 한 명씩 이름을 적습니다. 이제 한 분야를 골라 그 분야에 해당하는 친구에게 연락해 도와달라고 이야기해봅니다.

1
$\longrightarrow$

2
$\longrightarrow$

3
$\longrightarrow$

4
$\longrightarrow$

5
$\longrightarrow$

44
도와주기

앞에서 적었던 내가 사랑하는 사람 다섯 명에게 도움이 필요한
지를 물어보고 시간을 내서 그들에게 도움을 주세요.

다른 사람들에게 심리적으로 의지가 되거나 직접적으로 도움이 되
는 일 중에서 내가 할 수 있는 목록을 만듭니다. 이는 나 자신을 돌
보는 데 아주 중요합니다.

1
2
3
4
5

45
자기 돌봄 친구 찾기

내게 힘이 되는 사람 중 내가 나를 잘 보살피며 지내고 있는지 매주 연락해주길 부탁할 수 있는 사람은 누구인가요? 그 사람에게도 같은 방법으로 확인해준다면 서로 도움이 될까요?

친구 이름 : _____

그 사람에게 자기 돌봄을 함께할 수 있을지 물어보세요. (이 책을 한 권 사서 건네도 좋습니다.) 규칙적으로 시간을 내서 그와 연락하기로 정하세요. 매주 1에서 10점 사이에서 나의 자기 돌봄 점수를 매기세요. 친구에게 내 점수가 6보다 낮을 때마다 자기 돌봄의 중요성을 다시 일깨워달라고 이야기해둡니다.

⬐ 다음의 내용을 채워보세요.

> 나, _____는(은) _____에게
> 일주일에 한 번 _____요일 _____시에 나에게 연락해줄 것을
> 부탁해서 나의 자기 돌봄 점수를 공유하기로 했습니다.
> 점수가 6 이하일 때 자기 돌봄의 중요성을 나에게 일깨워줄 수
> 있는 권리를 그에게 주었습니다.

"시간을 단축시키는 것은 활동이요, 시간을 견
디지 못하게 하는 것은 안일함이다."

_요한 볼프강 폰 괴테 Johann Wolfgang von Goethe

YOUR

시간

TIME

↘ 시간이란?

현대 사회에서 시간은 무엇보다 소중한 자원입니다. 그런데도 아무 생각 없이 자신의 시간을 다른 사람을 위해 써버리죠. 우리는 하루에도 수백 번씩 자신의 시간을 어떻게 쓸지 결정하지만, 그런 결정을 내리면서 심각하게 고민하는 경우는 없습니다. 사람들은 부탁한 일들을 빨리 해달라며 재촉하고, 메일을 확인하기 위해 휴대전화를 열었다가 SNS에 시선을 빼앗깁니다. 그렇게 시간은 나도 모르는 사이 훌쩍 흘러가 버립니다. 그리고 앞에서 말했던 것처럼 나의 시간의 병은 텅 비어버립니다. 종종 다른 사람들이 엎지르기도 해서 남김없이 사라져버리기도 합니다.

"시간이 없었어"라는 말은 자신을 돌보지 못한 우리가 가장 많이 앞세우는 변명 중 하나입니다. 이 장에서는 용기를 내어볼 겁니다. 주어진 시간을 잘 관리하고, 다른 사람의 부탁을 거절하며, 가능한 일의 범위를 정하는 것이죠. 이는 나 자신을 돌보기 위해 꼭 필요한 기술입니다. 이 장에서 소개하는 방법은 짧은 시간에 더 많은 것을 하도록 하는 투자입니다. 하지만 이 연습은 결국 나에게 더 많은 시간을 돌려줄 것입니다.

내가 가진 것을 다른 사람에게 얄팍하게 나누어주면서 내 공간이 텅 비어버리는 것이 아니라 나를 위한 시간과 공간을 확보하는 방법을 찾아갈 겁니다. 이 책에서 제시하는 백 가지가 넘는 방법을 모두 실천해보기 위해서라도 우리에게는 시간과 공간이 필요합니다.

↘ 준비하기

우선 "시간을 어떻게 사용하고 있나요?"라는 질문을 통해 우리가 맺는 시간과의 관계를 알아본 후, 어떤 업무나 활동에 대해 성의 없이 "예"라고 대답했던 과거를 돌아볼 겁니다. 그리고 "아니오"라고 답하기, "좋아요… 하지만"이라고 말하기, 하나 얻고 하나 버리기 연습을 통해 거절하기 어려웠던 부탁들을 지금까지와는 다른 방식으로 대처하는 법을 살펴볼 겁니다.

도움이 되는 일에 관한 한 우리는 기꺼이 긍정적으로 대답합니다. 따라서 어떤 경우에 우리가 "네"라고 대답하는지 생각해볼 겁니다. 그리고 '몰입하기'에서 시간을 어떻게 다른 방식으로 관리하는지 알아보고, 그다음 해야 하는 일들을 살펴본 후 그중에서 무엇을 추려내야 하는지 생각해보겠습니다.

마지막으로 우리는 따라가기에 급급하기보다는 주도적으로 하루를 시작하는 방법을 살펴보겠습니다. 이 방법을 직접 해보면 시간을 투자할 가치가 있음을 저절로 깨닫게 될 거예요.

이 장이 끝날 때쯤 당신의 시간을 스스로 잘 돌보는 방법을 터득할 겁니다. 그리고 당신의 잃어버린 시간을 되찾게 될 겁니다.

46
시간을 어떻게 사용하고 있나요?

아래의 문항을 보면서 1점(전혀 동의하지 않는다)에서 5점(매우 동의한다)까지 점수를 매겨보세요.

☐ 1. 시간이 항상 충분하지 않다.

☐ 2. 나를 포함한 소중한 이들을 위한 시간적 여유를 갖고 있다.

☐ 3. 언제나 짬을 내어 다른 일을 한다.

☐ 4. 일을 미루는 경향이 있다.

☐ 5. 시간이 언제 가는지 모르게 흘러가 버린다.

☐ 6. 시계를 거의 보지 않는다.

☐ 7. 내가 하고 싶은 일을 위해 시간을 낸다.

☐ 8. 중요하지 않은 일에 시간을 낭비하지 않는다.

☐ 9. 시간을 자유롭게 쓸 때 인생은 더 나아진다.

☐ 10. 항상 시간에 쫓긴다.

☐ 11. 돌발적인 사건이 일어나면 내 일정을 무시해버린다.

☐ 12. 시간이 없다는 것에 대한 변명을 할 때가 있다.

☐ 13. 사람들은 시간에 너그러워질 필요가 있다. 내가 도착하는 시간이 곧 약속 시간이다.

☐ 14. 내가 매일 어떻게 시간을 사용하는지 알고 있다.

☐ 15. 어떤 일을 우선적으로 처리할지 유연하게 생각하는 것이 중요하다.

아래의 조합대로 각 문항의 점수를 더합니다.

A: 1, 4, 5, 10, 12 =   B: 2, 7, 8, 11, 14 =   C: 3, 6, 9, 13, 15 =

A, B, C 중에서 가장 점수가 높은 것에 해당하는 구절을 읽어보세요.

당신과 얼마나 맞나요?

A 시간에 쫓긴다.

시간에 맞추려 항상 노력하지만 언제나 조금 늦습니다. 시간은 언제나 어디로 빠져나갔는지 모르게 흘러가 버립니다. 그것 때문에 항상 긴장하게 됩니다. #47, #53, #54, #55를 실행해보세요.

B 시간을 정확하게 지킨다.

내가 모든 것을 아주 정확하게 잘 조절하고 있다고 느낍니다. 언제 무엇을 해야 하는지 잘 알고 있으며 많은 것을 해냅니다. 하지만 변화와 돌발적인 상황, 즉흥적인 행동은 당신을 불편하게 합니다. #50과 #55를 실행해보세요.

C 시간을 마음대로 사용한다.

일이 완성되는 때가 곧 마치는 시간입니다. 내가 생각하는 절차와 방식에 따라 일을 합니다. 돌발적인 일이 발생하는 것을 즐깁니다. 하지만 나의 유연함은 곧 내가 무언가를 놓치고 있다는 것을 의미합니다. 그리고 나의 시간에 대한 태도는 주변의 다른 사람들을 당황하게 할 수 있습니다. #47, #49, #50, #56을 실행해보세요.

47

시간을 신중하게 사용했나요?

이 연습은 내가 시간을 어떻게 쓰고 있는지를 확인하는 방법입니다. 거절해야 했지만 다른 사람들의 부탁을 들어줄 수밖에 없었던 최근 상황을 떠올려봅니다.

↘ 내가 해준 행동이 (나의 핵심적인 업무이거나 자원봉사 활동 같은)

이미 동의했던 것이었나요?

_____

↘ 내가 하고 싶었던 일이었나요?

_____

↘ 그렇다면 그 일을 하고 싶었던 이유는 무엇인가요?

_____

↘ 그 경험을 통해 배운 것은 무엇인가요?

_____

그 밖에 지금 해야 할 다른 일이 있나요?

주어진 시간 안에 내가 원하는 수준으로

그 일을 처리할 수 있을 만큼 시간이 충분했나요?

일을 부탁한 사람과 어떤 관계인가요?

위의 질문에 답을 한 후에도 여전히 그 부탁을 들어줄 생각인가요?

48
'아니오'라고 말하는 사람 되기

거절하는 일은 누구에게나 쉽지 않은 일입니다. 하지만 아래의 규칙을 지킨다면 내가 부탁을 거절한다고 해도 사람들은 이해해줄 겁니다.

✦ 분명하고 구체적으로 말합니다.
상대방에게 내가 거절했다는 사실과 무엇을 거절했는지를 확실하게 이야기합니다.

✦ 너무 많이 설명하지 않습니다.
거절하는 이유를 하나하나 이야기하면 상대방은 그 이유를 반박하거나 나를 설득하려 할 수도 있습니다.

✦ 사과하지 않습니다.
나는 상대방의 모든 부탁을 들어줄 의무가 없으므로 사과할 필요도 없습니다. 나는 나의 시간을 어떻게 사용할지 결정할 권리가 있습니다.

✦ 균형을 유지합니다.
솔직하고 정확하게 말하는 것과 정중함 사이의 간극을 잘 메웁니다.

예를 들어 거절할 때 다음과 같이 말할 수 있습니다.

"저에게 이런 기회를 주셔서 정말 고마워요. 그런데 월요
일에 시간을 내기가 어려워서 말씀하신 부탁을 들어드릴
수 없을 것 같습니다. 그래도 저한테 물어봐 주셔서 감사
해요."

✎ 어떻게 거절을 할 수 있을지 아래에 한 단락으로 정리해보세요.

49

"좋아요… 하지만"이라고 말해보기

우리는 종종 앞에서 언급한 방법을 일부 실천하기도 합니다. 하지만 전부는 아니더라도 어떨 때는 "아니오"라고 말하는 것보다는 부분적으로 긍정적인 대답을 하는 것이 분명 마음이 편한 경우가 있어요. "좋아요… 하지만"이라고 대답할 때는 다음의 내용을 분명히 해야 합니다.

✦ 무엇을 할 것인가

만약 상대방의 부탁 중 일부에 대해 긍정적인 대답을 하려 한다면, 내가 무엇을 할 수 있고 무엇을 할 수 없는지 분명히 해두어야 합니다.

✦ 언제 가능한가

만약 특정한 시간에 한해서 긍정적인 대답을 했다면 내가 언제 시간을 낼 수 있으며 언제 시간이 되지 않는지를 분명히 합니다.

그리고 내가 말한 선을 지킵니다.

"가능하면 모두 도와드리고 싶지만, 이 부분만 제가 가능
할 듯합니다. 수요일에 한나절 정도 시간을 낼 수 있습니
다. 그래도 될까요?"

"이번 주말에는 바빠서 정리하는 일에 보탬이 못 되어 드
리겠어요. 다음 주 저녁에는 시간이 있는데, 그때 도와드
려도 될까요?"

어떤 대답을 하든 반드시 부탁받는 그 순간 곧바로 답해야 할
필요가 없다는 것을 알아두세요. 대답하기 전에 생각할 시간
이 필요할 때는 "부탁해줘서 고맙습니다. 그런데 조금 생각해
보고 대답해도 될까요?"라고 말해보세요.

50 / 하나 얻고 하나 버리기

50

하나 얻고 하나 버리기

하고 싶은 일인데 정말 시간이 없나요? 그럴 땐 다른 것을 포기해야 합니다.

소설을 쓰고 싶다면 〈오징어 게임〉 보는 시간을 줄여야 할지도 모릅니다. 친구들과 나가서 놀고 싶다면 유튜브 영상을 거의 보지 못할지도 모릅니다. 주말에 자선단체에서 자원봉사를 하고 싶다면 시간외근무를 하지 못할지도 모릅니다.

한 가지 일을 긍정적으로 대답할 때마다 다른 일은 부정적으로 대답해야 합니다.

CHAPTER 2

앞에서 이미 신중하게 시간을 사용하는 것에 대해 긍정적으로
대답했습니다. 그러기 위해서는 내 일정 중에서 어떤 것을 줄이
거나 지워버릴 수 있을까요?

1 _____

2 _____

3 _____

4 _____

5 _____

51

일단 해보기

두려움 때문에 다른 사람들의 부탁이나 제안을 거절하기도 합니다. 어떤 이들은 새로운 것을 시도해보라고 말하지만, 새로운 일을 즐거운 마음으로 하지 못할까 봐 두려워 그 일을 거절해버리죠.

+ 자신의 남자 친구 혹은 여자 친구가 될지도 모르는 사람이 파티에서 춤을 추자고 했을 때, 우리는 바보같이 보일까 두려워 그 제안을 거절합니다.

+ 팀장이 새로운 프로젝트를 제안했을 때 그 일이 나에게 너무 무리는 아닐지 두려워하며 거절합니다.

+ 선생님이나 감독님이 새로운 경기나 대회에 참가해보라고 하면, 실패할까 두려워 거절합니다.

때로는 "아니오"라고 말해야 하지만, 그와 마찬가지로 더 자주 "예"라고 말해야 합니다.

과거에는 "아니오"라고 대답하던 일을 이번 주에 "예"라고 말한 일이 있나요?

그 일이 무엇인지 적어보세요.

다음에도 "예"라고 대답할 일에 체크를 해봅니다.

52
몰입하기

몰입해서 일할 때, 우리는 시간을 새롭게 경험합니다. 몰입할 때 우리는 완전히 집중해서 열정적으로 일을 추진해나가며, 시간이 어떻게 지나가는지도 모를 정도로 그 일에 빠져듭니다. 그러다 보면 나도 모르는 사이에 오후가 훌쩍 지나가 버린 것을 깨닫기도 하죠. 사람에 따라 몰입할 수 있는 일은 다르지만, 일반적으로 다음과 같은 세 가지 공통점을 가지고 있습니다. 이번 주에 시간을 내서 위의 활동 중 1~2개를 직접 해보세요.

+ 구조와 방향이 있으며 분명한 목적이 있어서 진행 상황을 눈앞에 그려볼 수 있다.

+ 분명하고 즉각적으로 반응을 볼 수 있어서 업무 수정이 가능하다.

+ 자신감이 있어서 일의 양이 늘어나더라도 그 업무를 이뤄낼 기술을 가지고 있다.

악기 연주, 공부, 운동, 정원 관리, 명상, 글쓰기 등,

내가 몰입해서 할 수 있는 활동을 3~5가지 적어보세요.

1 _____

2 _____

3 _____

4 _____

5 _____

53

메모의 중요성

모든 사람이 자신이 해야 할 일을 다 적어놓지는 않지만, 무엇이든 메모해두는 습관은 도움이 됩니다. 기억력이 좋다는 칭찬을 들왔지만, 사실 기억력의 비밀은 모든 것을 적어두는 것에 있습니다. 그러면 모든 것을 기억할 필요가 없거든요. 아래의 내용은 나의 메모 팁입니다.

+ 분명하고 정확하게 적는다. 모든 목록을 완수해야 하는 행동으로 기록한다.

+ 한 곳에 모든 것을 적는다. (종이, 휴대전화, 컴퓨터 어느 것이든 상관없음)

+ 다른 사람의 행동은 적지 않는다.

+ 완수하는 데 시간이 걸리는 일은 목록보다는 일기에 적는다.

자신이 해야 할 모든 일을 옆에 적어봅니다. 예외가 있다면 '프랑스어 배우기'와 같이 언젠가 하고 싶지만 지금 당장 시간을 낼 수 없는 일들은 예외로 합니다. 이런 일들은 (다음 페이지의) 나중에 할 일로 분류합니다.

지금 할 일

나중에 할 일

하지 않아도 좋은 일

다이어리에 적어놓고 오랫동안 이루지 못한 일들이 분명 있을 겁니다. 그렇다면 지금 바로 '해야 할 일' 목록을 정리하세요. 그런 다음 새로운 스케줄표에 자유로운 시간을 만들어 넣습니다. 몇 주 동안 계속 지워지지 않는 일들인데 갑자기 하고 싶은 마음이 생겼나요?

53번(148p)에서 작성한 리스트를 살펴보고 아래 사항을 유념해서 그중 20퍼센트를 지웁니다. (때로는 자신에게도 거절할 필요가 있다는 것을 명심하세요.)

✦ 꼭 내가 해야 하는 일인가요? 다른 사람이 할 수는 없나요?

✦ 반드시 해야 하는 일인가요?

✦ 완벽주의자들은 종종 쓸모없는 부차적인 일들을 잔뜩 쌓아놓는 경우가 있습니다. 이것도 그런 종류의 일은 아닌가요?

✦ 오랫동안 미루고 있던 일인가요? 아무도 그 일이 끝나지 않은 것을 안타까워하지 않는다면 그 일을 아예 하지 않는다고 해서 아쉬워할 사람은 없을 겁니다.

✦ 항상 하려고 생각은 했지만 노력을 하지 않았던 것인가요?

해야 할 일 목록에서 가능한 한 많은 것을 지워버리세요. 그리고 그것을 볼 때마다 느꼈던 죄책감과 자책도 함께 지워버립니다.

시간 분배하기

앞에서 작성한 지금 할 일, 나중에 할 일 리스트에 남아 있는 것들을 살펴보세요. 그럼 이제 이들을 위한 일정을 세워볼까요? 일정을 세운 후에도 여전히 할 시간이 나지 않는 일들은 리스트에서 지우거나 다른 항목을 지워서 그 일을 위한 시간을 만듭니다. 심리적으로 부담되는 항목들을 계속 리스트에 남겨두지 마세요. 당신은 그것을 절대 하지 않을 것입니다.

한 가지 예외가 있습니다. '아프리카 여행하기'나 '골프 배우기'처럼 언젠가는 하고 싶지만 지금은 시간을 낼 수 없는 일들을 '언젠가 혹은 나중에 할 일' 리스트에 옮겨놓습니다.

언젠가 혹은 나중에 할 일

56
아침 의식 만들기

매일 아침 완벽하게 잠에서 깨어나 정신을 차리기까지 나만의 특별한 의식으로 하루를 시작해보세요. 시간이 좀 걸리더라도 일정한 의식을 가진다면 하루 중 가장 힘든 시간인 아침 스트레스가 줄고, 안정감과 성취감으로 자신을 충전한 후 집을 나서게 될 겁니다. 아래의 내용을 참고해서 오직 나를 위한 아침 의식을 만들어보세요.

아침 의식으로 좋은 행동들

☐ 특정한 노래 혹은 음악의 일부를 듣는다.

☐ 자기 계발에 도움이 되는 책을 몇 장 읽는다.

☐ 의미 있는 구절을 반복해서 외운다.

☐ 마음의 풍요를 위해 명상을 한다.

☐ 특정한 음식을 먹거나 음료를 마신다.

☐ 신문을 읽는다.

☐ 깊이 심호흡을 한다.

☐ 오늘 어떤 느낌을 받고 싶은지 나에게 물어본다.

☐ 팟캐스트를 듣는다.

☐ 언어 공부를 한다.

☐ 전날 있었던 일 중에 감사했던 일 세 가지를 생각한다.

☐ 친구에게 편지를 쓴다.

☐ 창의적인 생각을 마음껏 한다.

☐ 운동을 한다.

☐ 초를 켜는 것으로 아침 의식을 시작하고, 의식이 끝나면 초를 끈다.

"다른 동물과 마찬가지로 인간도 환경으로 형성된다.
하지만 인간에게는 새로운 환경에 적응하거나
새로운 환경을 창조해내는 능력이 있다."

_스키너 Burrhus Skinner

HOME AND E

집과 환경

UIRONMENT

↘ 집과 환경이란?

집과 개인적인 공간은 당신에게 어떤 의미인가요?

내향적인 나에게 집은 안식처입니다. 특히 장기간 외출했다가 집에 돌아오면 안정되고 안전하다는 느낌을 받습니다.

인생의 많은 시간을 집에서 보낸다는 것을 고려하면, 과연 내 집이 나에게 맞게 꾸며져 있는지 알아볼 필요가 있습니다. 당신은 집에 있을 때 어떤 기분이 드나요? 안정적이고 안전하다고 느끼나요? 여유롭고 편안한가요? 쾌적하고 안락한가요?

지금 당장 그럭저럭 지낼 만하다면, 나에게 맞도록 집을 수리하거나 바꾸는 것을 미루기 쉽습니다. 이사를 준비하면서 이사하기 전에 새로 집을 구입할 사람에게 잘 보이기 위해 신경이 쓰였던 부분을 모두 수리한 적이 있나요? 고장 난 전등, 물이 새는 수도, 새로 페인트칠해야 하는 방 같은 것 말입니다. 새로운 시선으로 내 집을 바라보면서 사소한 것들을 조금만 손보아도 집 안이 확 달라질 수 있다는 사실을 깨닫기 위해서는 약간의 노력이 필요합니다.

↘ 준비하기

우선 내가 생각하는 이상적인 공간은 어떤 곳이며, 나에게 맞는 물리적 조건이 무엇인지 알아보면서 나의 공간에 필요한 것이 무엇인지를 살펴보겠습니다.

내가 생각하는 이상적인 공간이 어떤 곳인지를 결정하면, 나를 둘러싼 주위 환경을 개선할 방법을 고민해보세요. 다음으로는 눈에 거슬리는 것들을 고쳐나갈 텐데, 이 과정에서는 단지 물리적인 부분만이 아니라 주변 환경 중에서 계속 신경이 쓰이지만 잊어버리고 정리하지 못했던 부분들을 바꿔나갈 겁니다. 그 후에 내가 무시하고 있었던 눈에 거슬리는 것에 대한 해결 방법을 찾아볼 겁니다.

또한 5장에서 시간을 어떻게 사용할지 정리했던 것처럼, 서랍 정리를 통해 작은 잡동사니들을 버리고 물리적 공간을 정리해보겠습니다.

'낡은 옷 버리기'에서는 필요하지 않은 옷들을 정리해보세요. 패션에 회의적이었던 저는 주위 사람들이 멋있다고 말해주는 옷을 입었을 때, 매력적인 사람이 된 것 같은 기분이 들었습니다. 그 후로 옷이 기분 변화에 도움이 된다는 것을 믿게 되었습니다.

'향기로 기분 전환하기'에서는 어떤 향기를 맡을 때 내가 무엇을 떠올리는지를 알아보면서 향기에 대해 생각해보겠습니다. 우리의 뇌에서 냄새를 관장하는 부분은 감정을 관리하는 부분과 직접적으로 연결되어 있으며, 학습과 관련된 부분과도 연관이 깊습니다. 향기를 통해 내가 무엇을 연상하느냐에 달려 있지만, 향기는 우리에게 특정한 감정을 불러일으키며 현재 기분에도 변화를 가져옵니다. 따라서 각각의 향기가 나에게 어떤 영향을 미치는지 안다면, 기분 전환을 위한 도구로 향기를 적극적으로 활용할 수 있을 겁니다.

주위의 환경을 떠올리는 것만으로도 우리의 모든 감각을 깨울 수 있습니다. 그중 색깔로 나를 표현하기를 통해 색이 우리 시각에 미치는 영향에 대해 알아보세요. 그리고 편안한 집이나 사무실에서 벗어나 신선한 공기, 자연, 햇살을 느낄 수 있는 더 넓은 공간으로 나아가 초록빛이 가득한 자연을 느껴보겠습니다.

마지막으로 나만의 사운드트랙과 기분에 따른 음악 리스트를 통해 청각에 대해 생각해보겠습니다. 음악은 건강에 도움이 되고, 슬플 때 위로가 되어주며, 스트레스와 육체적 고통을 경감시키고 기억력을 향상시키는 등 많은 긍정적인 면에서 큰 도움이 됩니다.

57
나만의 공간에 필요한 것

우선 가장 오래 시간을 보내는 곳의 물리적인 환경에 대해 내가 어떻게 생각하고 있는지 살펴보는 것에서 시작해봅시다. 질문에 답을 할 때는 빛, 냄새, 온도가 적당하며 전체적인 조화가 이루어졌는지, 소음은 어느 정도이며 그곳에 함께 있는 사람들은 누구이고 그곳에서 내 몸이 편안한지, 자연과 도시 중 어디에 위치해 있으며, 어떤 스타일과 색으로 어떻게 장식되어 있는지 등 머리에 떠오르는 모든 것을 포함해 다양한 측면을 전체적으로 고려해서 답하세요.

CHAPTER 2

↘ 어떤 공간이 가장 편안한가요? 그 이유는 무엇일까요?

↘ 휴식을 취하기에 가장 편안한 공간을 설명해보세요.

↘ 일을 하기에 가장 완벽한 공간을 설명해보세요.

↘ 잠을 자기에 가장 완벽한 공간을 설명해보세요.

집과 환경

58

나만의 공간 개선하기

내가 시간을 보내는 각각의 공간을 살펴보고, 소음, 온도, 안정
감, 그곳에 있을 때의 느낌, 그 공간이 신체적으로 나에게 미치
는 영향 등에 대해 평가해봅니다. 그리고 앞에서 적었던 이상
적인 공간과 비교해봅니다.

각각의 공간을 나에게 더 잘 맞는 곳으로 개선하기 위해 바꿀
수 있는 사소한 것 세 가지를 적어보세요. 그리고 각 공간에서
적어도 한 가지를 지금 당장 고쳐보세요.

매달 이것을 실천해보세요.

지금 고쳐야 할 부분을 일기장에 적어보세요.

공간 1 :

1
2
3

공간 2 :

1
2
3

공간 3 :

1
2
3

공간 4 :

1
2
3

사소한 것 수리하기

집을 둘러봅니다. 오랫동안 고치려고 생각했지만 잊고 있었거나 미뤄두었던 사소한 것들이 있나요? 좋아하는 셔츠에서 떨어진 단추, 고장 나서 닫히지 않는 서랍, 액자를 새로 사서 걸어야 하는 그림 같은 것 말입니다.

이제 고쳐봅시다! 지금 고칠 것이 있거나 나중에라도 고쳐야 할 것을 발견했을 때 아래에 적어보세요. 매주 혹은 매달 일정한 시간을 정해서 고쳐야 하는 사소한 것들을 적어보세요.

신경 쓰이는 것들 해결하기

침실, 사무실, 텔레비전 앞, 부엌 등 내가 가장 많은 시간을 보내는 곳에 있을 때 신경이 쓰이는 것을 찾아서 그 해결 방법을 적으세요. 예를 들어 사무실 책상으로 에어컨 바람이 곧장 불어와 자리가 추웠다면, 사무실에 미리 겉옷을 하나 가져다 두었다가 추울 때 꺼내 입을 수 있도록 준비하는 겁니다.

• 문제점   • 해결책

1 .... ⟶

2 .... ⟶

3 .... ⟶

4 .... ⟶

5 .... ⟶

집과 환경

61 / 서랍 정리

잡동사니는 물리적으로 공간을 차지하는 것뿐 아니라 우리 마음속에 '심리적 지체' 현상을 가져옵니다. 잡동사니를 볼 때마다 우리 뇌에서는 그것이 무엇이든 정리하지 못했다는 죄책감과 함께 어떻게든 그것들을 처리하려는 에너지가 활성화됩니다. 잡동사니를 정리하지 않으면 나중에 볼 때마다 우리의 마음과 뇌에서는 똑같은 반응이 일어납니다.

쌓여 있는 잡동사니를 보면, 그 많은 걸 언제 정리하나 도저히 엄두가 나지 않을 겁니다. 그럴 땐 서랍 하나, 찬장 한 칸과 같이 상대적으로 짧은 시간 안에 정리할 수 있는 것부터 시작해 보세요. 그렇게 작은 것 하나를 정리했다는 만족감을 느껴봅니다. 그런 다음 시간이 날 때 다른 서랍이나 찬장을 하나씩 정리합니다.

정리를 할 때는 다음의 두 가지를 기억하세요.

1. 한 곳을 정리하려고 마음을 먹었다면, 그날 반드시 그곳의 정리를 마무리합니다. 너무 힘들다고 정리하려고 마음먹은 것들을 다시 넣어두지는 마세요.

2. 내가 아끼고 당장 사용하는 물건만 보관합니다. 돌아가신 분에게 받았기 때문에, 버리면 죄책감이 들기 때문에, 언젠가 필요할 수도 있어서, 선물 받은 것이어서 등의 이유로 물건을 보관하지는 마세요. (23년 동안 한 번도 사용한 적이 없는 물건의 경우) 버리기 전에 사진을 찍어두면 나중에라도 그 물건에 대한 기억을 떠올릴 수 있습니다.

버리기 가장 쉬운 것은 무엇인가요?

_____

_____

버리기 가장 어려운 것은 무엇인가요?

_____

_____

62
낡은 옷 버리기

옷은 나의 정체성을 표현하는 중요한 물건입니다. 옷을 잘 관리하지 않으면 온 세상에 나는 나를 제대로 돌보지 않는다고 메시지를 보내는 것과 같습니다.

입지 않는 옷을 계속 옷장에 보관하는 습관은 현재의 자신을 진심으로 인정하지 않는다는 의미가 됩니다. 그뿐만 아니라 입지 않는 옷을 볼 때마다 부정적인 감정을 느끼게 되죠. 예를 들어 살을 빼면 입으려고 했거나 데이트할 때 입으려고 입지도 않는 옷을 가지고 있는 건 존재하지 않는 자기 자신을 붙잡고 있는 것과 같습니다. 이런 옷들을 버리고 지금의 나에게 잘 맞고 나를 가장 잘 표현하는 옷을 가지고 있는 것이 현재의 삶에 더 도움이 됩니다. 그리고 앞으로 나의 이미지가 새롭게 바뀐다면 그에 맞는 옷을 아끼지 말고 구입하세요.

너무 꽉 끼어서 앉지 못하고 서 있을 수밖에 없는 불편한 바지, 좋아하지 않은 옷, 낡거나 찢어진 옷, 구멍이 나거나 얼룩이 생긴 옷 중에서 다섯 개를 골라 버리거나 기부하세요.

옷을 버렸을 때 기분이 어땠나요?

63
향기로 기분 전환하기

향기는 우리의 감정과 아주 깊은 관련이 있습니다. 그날 하루의 기분까지 좌우합니다. 아래의 기분 혹은 상태를 생각해보고 각각의 기분과 그런 기분을 불러일으키는 향기를 연결 지어보세요. (지금이라도 집 주위에서 맡을 수 있는 향기를 선택하는 것이 가장 바람직합니다.)

• 기분	• 향기 그리고 그 향기를 맡을 수 있는 곳
근무 준비 $\longrightarrow$	
휴식 시간 $\longrightarrow$	
고요함 $\longrightarrow$	
사람들을 만남 $\longrightarrow$	
가족 같은 사랑 $\longrightarrow$	
아늑하고 따뜻함 $\longrightarrow$	
생생하게 깨어 있음 $\longrightarrow$	
신선하고 새로움 $\longrightarrow$	
활기참 $\longrightarrow$	

편안하고 고요한 기분을 느끼고 싶을 때 혹은 분위기를 바꾸고 싶을 때 위의 향기 중 하나를 맡아보세요. 관련된 기억을 떠올리며 깊이 심호흡합니다. 식당에서 떠오르는 생강 냄새, 정원에서는 로즈마리 향, 세탁실에서의 신선한 향기 등 어떤 냄새나 향기라도 좋습니다. 이런 냄새들은 각각의 순간에 나의 기분을 차분하게 해주니까요.

64

색으로 나를 표현하기

사람들은 색이 없는 곳보다는 색으로 칠해진 공간에서 편안함을 느낍니다. 향기와 마찬가지로 색도 우리 기분에 영향을 줍니다. 서로 다른 색깔에 따라 어떤 기분을 느끼는지는 우리가 각자 그 색을 보며 무엇을 연상하는지에 따라 다르기도 하지만, 사람들 대부분이 공통적인 느낌을 받는 색들도 있습니다. 다음은 일반적으로 그 색을 보고 연상되는 느낌을 적은 것입니다.

녹색 : 창의성
빨간색 : 성적 매력, 힘, 위험
보라색 : 세련됨
노란색 : 식욕을 자극함
파란색 : 안전, 믿음

하지만 이게 모든 사람에게 적용되는 건 아닙니다. 아래에 적힌 색깔 옆에 그 색을 봤을 때 느껴지는 감정을 두세 단어로 적어보세요.

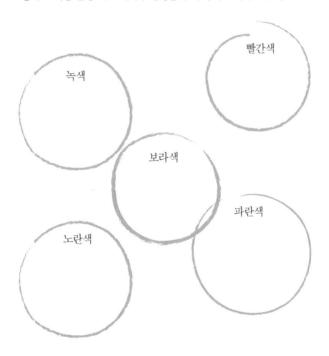

빨간색

녹색

보라색

파란색

노란색

65

초록색 자연 즐기기

우리는 비타민D를 채우기 위해 태양 빛을 받아야 합니다. 여름에는 15분 정도 햇볕을 쬐는 것으로 충분하지만 겨울에는 1~2시간 정도 햇빛을 받는 것이 좋죠.

집 주변을 이리저리 거닐면서 (아주 작은 곳이라도 좋으니) 작은 텃밭, 꽃밭 등 작은 자투리땅의 사진을 찍어보세요. 정해진 길로만 가지는 마세요. 간 길로 되돌아오거나, 원을 그리며 돌거나, 내가 가보지 못하고 상상만 했던 길을 마음대로 방황해보세요. 식물과 나무를 보면서 자연에서 시간을 보내는 것 이외에 어떤 목적도 생각하지 않습니다. 그래도 결국은 안전하게 집으로 돌아가게 될 거니까요.

내가 걸었던 길의 간략한 지도를 그려봅니다. 그 위에 내가 발견한 장소 중에서 가장 좋았던 초록색 공간을 표시해보세요.

인간은 수천 년 동안 음악을 즐겨왔습니다. 이 순간 방 분위기를 완전히 바꿔놓을 유일한 도구는 바로 음악입니다. 보통은 분위기에 맞는 음악을 듣지만, 음악을 통해 가장 효과적으로 기분 전환하는 것이 가능하죠.

리듬에 맞춰 춤을 추거나 따라 부를 수 있는 노래 10곡을 적어서 기분 전환을 위한 음악 리스트를 만듭니다. 주로 이용하는 음악 서비스 앱을 보면서 내가 가장 많이 듣는 음악을 참고해도 좋습니다.

기분 전환이 필요할 때 아래 음악 리스트를 틀어보세요.

1 _____   6 _____

2 _____   7 _____

3 _____   8 _____

4 _____   9 _____

5 _____   10 _____

분위기에 맞는 음악 리스트

'집중하는 데 도움이 되어서' 혹은 '상실감을 극복하기 위해' 같은 다양한 이유로 우리는 음악을 듣습니다. 여유가 있을 때 음악 플레이어에서 임의의 순서로 음악이 나오도록 한 다음, 각각의 노래를 들었을 때 떠오르는 단어나 문장을 적어보세요. 같은 감정을 느끼게 하는 음악들을 모아 그 분위기에 맞는 음악 리스트를 만들어 들어본 후, 효과가 있으면 다른 감정을 느끼고 싶을 때 들을 수 있는 새로운 음악 리스트도 만들어보세요.

• 분위기 1

노래 : _____   노래 : _____

가수 : _____   가수 : _____

_____   _____

• 분위기 2

노래 : _____   노래 : _____

가수 : _____   가수 : _____

_____   _____

• 분위기 3

노래 : _____   노래 : _____

가수 : _____   가수 : _____

_____   _____

• 분위기 4

노래 : _____   노래 : _____

가수 : _____   가수 : _____

_____   _____

• 분위기 5

노래 : _____   노래 : _____

가수 : _____   가수 : _____

_____   _____

CHAPTER

3

나를 바꾸기

"당신이 잘하는 일이라면
무엇이든 행복에 도움이 된다."

_비트런드 러셀Bertrand Russell

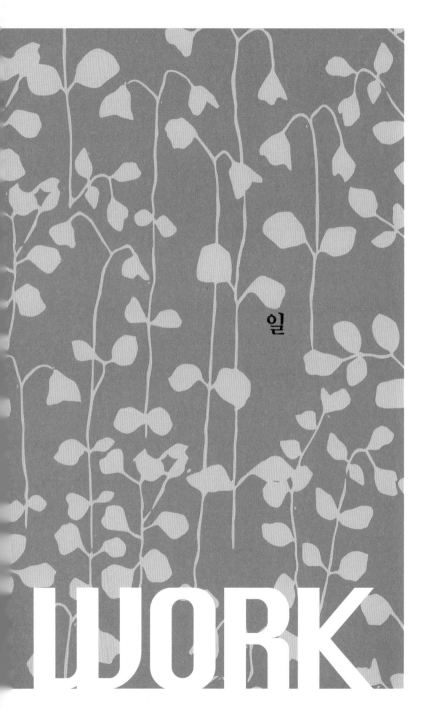

일

WORK

↘ 일이란?

일이 아닌 부분에서 자신을 너그럽게 대하는 것만큼, 일을 하면서도 자신에게 너그러운 태도를 지니는 것은 매우 중요합니다. 자기 돌봄은 주로 집에서 하는 활동, 다시 말해 일과 생활 가운데 생활만을 위한 것이라고 생각하기 쉽습니다. 하지만 우리는 주로 일을 하면서 시간을 보내고, 스트레스를 받는 주요한 이유 또한 일입니다. 그러나 올바른 방식으로 내가 하는 업무를 대한다면, 일은 만족감을 느낄 수 있는 가장 큰 원천이 됩니다. 긍정심리학의 대가 마틴 셀리그만Martin Seligman 교수는 '성취감'이 행복한 삶을 위한 핵심적인 요소라고 말했습니다. 목표를 설정하고 그것을 성취할 때 우리는 더 행복하다고 느낀다는 것이죠. 그리고 직장에는 이런 성취감을 느낄 기회가 무궁무진합니다.

직장은 또한 다른 사람들에게 많은 것을 해줄 수 있는 공간이기도 합니다. 다른 사람들로부터 지시를 받아 업무를 처리하기도 하고 또 그에 대한 책임을 지는 것이 일의 특성이지만, 그렇다고 나에게 아무것도 선택할 여지가 없거나 내가 무한 책임을

져야 하는 것은 아닙니다. 앞으로 내 일에 대해 무엇을 하고 무엇을 하지 않을지 신중하게 선택하는 것이 중요합니다. 우리 모두 자기 자신과 더 성숙하고 돈독한 관계를 유지함으로써 자신에게 더 너그러운 마음으로 업무를 처리해나가고, 그래서 다른 분야는 물론이고 일에서도 최고의 내가 될 수 있기를 바랍니다. 나는 이 장에서 '일'이라는 단어를 가장 넓은 의미로 사용했는데, 그것이 무엇이든 우리가 하는 모든 일은 나름대로 의미가 있기 때문입니다. 따라서 앞에서 말한 '일'이란 특정한 목적이나 결과를 얻기 위해 우리가 하는, 정신적·육체적 노력이 수반되는 모든 행동을 의미합니다. 즉, 회사에 고용되어 월급을 받는 일뿐만 아니라 집을 관리하고 아이를 돌보고 자원봉사를 하고 공부를 하는 것도 일에 포함됩니다.

내가 제안하고 싶은 것은 주어진 상황 속에서 가능한 한 즐거운 마음으로 자신의 일을 해나가면서도 직장에서 소소한 자기 돌봄 활동을 실천하는 것입니다.

↘ 준비하기

이 장에서는 집에서부터 직장까지의 출근길을 돌아보고(직장이 바로 위층에 있어서 계단만 올라가면 된다고 해도 괜찮습니다) 보물찾기를 통해 집에서 회사까지 오가는 과정을 좀 더 풍성한 경험으로 만들어보겠습니다.

일단 출근한 다음에는 다른 사람들이 우선순위로 처리해달라며 메일로 보내온 수많은 업무 대신 나에게 어렵게 느껴지는 일을 먼저 처리하는 연습을 해볼 겁니다. 이는 일을 하려는 의지와 정신적 에너지가 최고일 때 어려운 문제를 먼저 해결하는 훈련으로, '코끼리를 먹는 방법은 한 번에 한 입씩 먹는 것'이라는 오래된 농담에서 얻은 지혜를 실제에 적용하는 겁니다.

다음으로 모든 사람의 70퍼센트가 어느 시점에 경험하는 '가면증후군'에 대해 알아보겠습니다. 1970년대 폴린 클렌스Pauline Clance 박사와 수잔 임스Suzanne Imes 박사가 처음 이름 붙인 이 증후군은 자신은 칭찬받을 자격이 없으며, 언젠가 자신이 (월급을 받고 하는 일이나 부모로서 혹은 학업에서) 다른 사람들을 속이고 있다는 사실이 밝혀질 거라고 생각하는 증상을 말합니다. 내가 사기꾼처럼 느껴지나요? 내가 이런 느낌에 공감하는지 확인하는 단계입니다. 그다음 나의 재능을 찾고 피드백을 받고 칭찬 파일을 만드는 과정을 통해 가면증후군에 대처하는 방법을 알아볼 겁니다. 내가 잘하는 것이 무엇인지 생각해보고 나의 행동을 직접 본 사람으로부터 객관적인 피드백을 받아보면 현실 속 나를 깨닫는 데 도움이 될 겁니다.

그다음으로 '완벽주의 내려놓기'에서는 많은 사람이 흔히 도전하는 완벽주의에 대해 알아보겠습니다. 누구나 실수를 하며, 100퍼센트 좋은 일도, 100퍼센트 나쁜 일도 없다는 사실을 다시 마음에 새겨볼 겁니다. 그다음 '나만의 강점 활용하기'에서는 이 장의 앞부분에서 알아본 나의 강점을 사용함으로써 스스로 용기를 줄 것입니다. 그리고 '행복의 기준'에서는 직장 안으로 내가 생각하는 긍정적인 시간을 끌어올 것이며, 휴가 계획을 세우는 것이 얼마나 중요한지 살펴볼 겁니다.

이 장의 목적은 일하는 과정에서 나타나는 나의 모습에 대해 알게 되는 겁니다. 자신에 대해 더 잘 알게 될수록 내가 어떤 부분에서 더 노력해야 하고, 어떤 면에서 다른 사람들보다 빛날 수 있으며, 언제나 더 많이 자신을 사랑할 준비가 되어 있는지를 완전히 이해하게 될 겁니다. 그래야 비로소 현실에 발을 디딘 채 세상을 제대로 직면할 수 있을 것입니다.

68

멈추면 비로소 보이는 것들

무관심한 표정의 사람들에게 둘러싸여 출퇴근하다 보면 누구나 삶의 의지가 사라지는 것을 느끼곤 합니다. 하지만 조금만 시각을 바꾸면 출퇴근 시간을 더 좋은 경험으로 채울 수 있습니다. 고개를 들어 주변 사람들의 얼굴, 옷, 경치, 건물을 비롯해 나를 스쳐 지나가는 모든 것을 바라보세요.

출근하는 길에 이전에는 미처 발견하지 못했던 아름다운 것 다섯 개를 찾아서 아래에 적어보세요. 그것들이 아름다운 이유는 무엇인가요?

1

2

3

4

5

69
어려운 일 먼저 처리하기

출근을 해서 일단 일을 시작하면, 우리는 대부분 바로 이메일을 열어서 다른 사람들이 부탁한 것들을 먼저 처리하곤 합니다. 하지만 나의 정신적 에너지가 고갈되기 전에 (규모가 크거나 어려워서) 엄두를 내기 힘들었던 프로젝트를 하면서 하루를 시작해보세요. 그 일을 반드시 오늘 마무리할 필요는 없습니다. 오늘 어느 정도까지 일을 진척시킨 후, 다음에 다시 그 일을 계속할 수 있게만 하면 됩니다. 그러면 그 일은 더 쉬워질 겁니다.

＼ 어려운 업무 하나를 선택하세요. 그 업무는 무엇인가요?
그 일이 어렵다고 생각하는 이유가 뭔가요?

＼ 그 업무를 시작하기 위해서는 어떤 자료가 필요한가요?

＼ 그 업무의 최종 목표는 어디일까요?

일

↘ 목표하는 일에 한 걸음 다가가기 위해 처음 해야 할 일은 무엇인가요?

_____

↘ 오늘 15분을 할당해서 그 업무를 진행합니다. (그 업무를 더 하고 싶다
면 더 해도 좋습니다. 하지만 오늘의 목표는 일을 시작하는 겁니다.)

_____

↘ 15분 동안 어려운 업무를 한 후에 5분 동안 나에게 보상을 해주세요.
나에게 보상이 되는 행동은 어떤 것이 있을까요?

_____

_____

오늘 15분 동안 어려운 일을 처리했다면, 가능한 한 빠른 시간
안에 다음에 이 업무를 계속 진행할 시간을 정합니다. 일을 나
누어 처리하면 아무리 큰 프로젝트를 진행하더라도 야근을 최
소한으로 줄일 수 있습니다.

목표를 성취했거나 꿈을 이루었거나 놀라운 결과를 얻었을 때, 마음속에 어떤 생각이 드나요? 아래의 내용 중에 해당하는 항목이 있으면 표시해보세요.

☐ 1. 종종 내 능력이 부족하다는 생각이 든다.

☐ 2. 다른 사람들은 실제의 나보다 나를 과대평가한다.

☐ 3. 나의 성공은 나의 노력과 능력 때문이다.

☐ 4. 나는 종종 다른 사람들이 내가 그들이 생각하는 것보다 유능하지 않다는 사실을 발견해주기를 바란다.

☐ 5. 동료와 상사는 내가 할 수 있는 업무에 대해 잘 이해하고 있다.

☐ 6. 내가 성공한 것은 운이 좋았기 때문이다.

☐ 7. 나는 내가 한 일에 대해 보상 받을 자격이 있다.

☐ 8. 나는 나의 능력과 재능에 걸맞은 지위에 있다.

1, 2, 4, 6 중 한 개 이상에 해당한다면 나는 '가면증후군'에 시달리고 있는 것일지도 모릅니다. 가면이란 다른 사람들이 생각하는 자신과 내가 생각하는 자신 사이에 괴리가 있다는 것을 의미합니다. 하지만 두려워하지 마세요. 앞으로 몇 가지 방법을 통해서 이 문제를 다룰 거니까요.

나만의 재능

가면증후군에 해당하는 사람들은 성취욕이 높고 외부에서는 성공했다고 인정받지만, 정작 가면 안에 있는 자신은 다른 사람들이 자신을 지나치게 과대평가하고 있다는 생각을 버리지 못합니다. 이런 사람들은 가면을 쓰고 있는 내가 아닌 나의 진짜 모습을 다른 사람이 알아봐 주기를 바라며 살아갑니다. 성적이 뛰어난 학생이나 완벽한 엄마라고 불리는 전업주부들, 직장에서 주목받는 사람들 중 누구나 여기에 해당됩니다.

현실 속에서 나의 기반을 다지는 것이 이런 증상을 극복하는 데 도움이 될 수 있습니다. 아래의 말풍선 안에 내가 세상을 위해 할 수 있는 재능을 이 무엇인지 적어보세요.

직장에서는 내가 한 업무에 대한 피드백이 없는 경우가 많습니다. 잘 처리한 업무나 향상된 능력에 대해 다른 사람들이 어떻게 생각하는지 정작 자신은 잘 알지 못합니다. 그것을 알고 있다면 '가면증후군'을 극복하는 데 도움이 될 겁니다.

동료들에게 피드백을 받음으로써 나만의 생각에서 벗어나 현실에 기반을 두고 일을 해나갈 수 있습니다. 최근에 함께 자주 일한 동료 중에서 믿을 수 있는 사람들을 5-10명 정도 아래에 적어보세요.

1	6
2	7
3	8
4	9
5	10

일

피드백을 직접 요구하는 것이 쑥스러울지도 모릅니다. 하지만 얼마나 많은 사람이 기꺼이 피드백을 해주는지를 본다면 아마 놀랄 것입니다. 앞의 리스트에 있는 사람 중에서 한두 명에게 다음과 같이 메일을 보내보세요.

_____ 에게

저는 이곳에서 내가 가지고 있는 장점이 무엇이며 내가 회사에 얼마나 도움이 되는지 알고 싶습니다. 그러니 아래 질문에 간략히 답변을 부탁드립니다.

• 나의 장점은 무엇인가요?

_____

• 어떤 분야에 힘을 쏟아야 실력 향상에 도움이 될까요?

_____

조언해주셔서 감사합니다.

_____ 드림

앞에서 했던 것처럼 다른 사람에게서 균형 잡힌 피드백을 받는 것은 큰 도움이 됩니다. 하지만 앞서 살펴보았듯이, 부정적인 편견으로 우리는 우리의 장점보다는 부족한 이야기에 더 귀를 기울이게 됩니다. 이럴 때 도움되는 것은 다른 이들에게 받은 긍정적인 피드백을 한군데 모아 칭찬 파일을 만드는 일입니다. 컴퓨터에 기록해도 좋고 스크랩북을 활용해도 좋습니다. 다른 이들이 나에 대해 칭찬한 내용을 기록한 다음, 우울할 때마다 꺼내 읽어보세요.

╲ 다른 사람들에게 받은 긍정적인 피드백 세 가지를 적어보세요.

> 1

> 2

> 3

74 / 완벽주의 내려놓기

가면증후군을 앓는 이들과 완벽주의를 추구하는 이들 사이에
는 상관관계가 있습니다. 완벽주의자들은 실수하는 것에 지나
친 두려움을 가지고 있을 뿐만 아니라 도저히 맞춰주지 못할
기준을 세워둡니다. 하지만 완벽하지 않다는 것은 모든 이들이
겪는 인간적인 경험이죠.

↘ 내가 알고 지내는 이들 중에서 존경하는 사람을 떠올려보세
요. 아주 작은 것이라도 그들이 실수한 적이 있다면 그것을 적
어보세요. 그 실수가 어떤 영향을 미쳤나요?

• 실수   • 영향

1
_____ → [   ]

2
_____ → [   ]

3
_____ → [   ]

75

100퍼센트 좋은 일도, 100퍼센트 나쁜 일도 없다

실수를 저질렀다고 해도(반복해서 이야기하지만, 인간은 누구나 실수를 합니다) 그로 인해 나쁜 일만 남는 것은 아닙니다. 자세히 살펴보면 긍정적으로 빛나는 부분도 발견할 수 있습니다.

내가 저지른 실수 중 하나를 선택하세요. 실수한 것 외에 일정은 맞췄다거나 오자가 없는 등 아주 작은 것이라도 그 안에서 발견할 수 있는 긍정적인 것 열 가지를 적어보세요.

1 _____

2 _____

3 _____

4 _____

5 _____

6 _____

7 _____

8 _____

9 _____

10 _____

일

76
나만의 강점 활용하기

앞선 글에서 내가 무엇을 잘하는지 알아보았습니다. 그런데 직장에서는 나의 장점보다는 약점이 좀 더 돋보이기도 합니다. 하지만 내가 잘하는 일을 돋보이게 할 기회를 찾는다면 보다 큰 만족감을 느낄 수 있을 겁니다.

나만이 가진 강점 두 가지를 찾아보세요. 이번 주에 진행할 업무에서 나의 강점을 이용해 할 수 있는 일 두 가지를 찾아보세요.

강점 1 :

사용 영역 :

강점 2 :

사용 영역 :

우리는 주로 책상에서 서류를 보거나 컴퓨터로 일합니다. 책상이나 컴퓨터에 긍정적인 감정을 주거나 좋은 기억을 떠올리게 하는 물건을 놓아두면 업무 때문에 느끼는 스트레스를 해소하는 데 큰 도움이 됩니다. 한때 나는 휴가 때 찍은 사진 네 개를 조합해서 예쁜 액자에 넣어두었습니다. 지금은 남편과 함께한 사진을 노트북 바탕 화면으로 설정해두었죠.

행복의 기준이라고 생각하는 그림을 그려서 책상 위에 놓으세요.

일

휴가 계획

사람들은 좀처럼 휴가를 맘껏 즐기지 못하며 휴일에 수당도 받지 못한 채 일하기도 합니다. (이것은 급여가 줄어드는 것과 같고, 돈도 못 받는데 더 많은 시간을 일하는 셈입니다.) 프리랜서나 고정 급여가 없는 사람들은 휴가를 부담스럽게 여깁니다.

쉬지 않고 너무 오랜 시간 일하는 것은 피로와 생산성 저하를 가져옵니다. 뿐만 아니라 문제 해결력과 창의성에도 영향을 주죠.

⇘ 나의 다음 휴일은 언제인가요? _____

⇘ 비용과 상관없다면 어떤 휴일을 보내고 싶나요?

⇘ 현실적으로는 어떤 휴일을 보내고 싶나요?

다음 휴가는 언제이며, 그때 무엇을 할지 적어보세요. (오랫동안 산책한 뒤에 하루 이틀 집에서 게으름을 피우는 것은 해변에서 일주일을 보내는 것만큼 활력을 되찾는 데 도움이 됩니다. 만약 모든 전자 기기를 끄고 혼자서 시간을 보낸다면 말입니다.)

"사람은 존재하는 것만을 보고
'왜 그런가'라고 생각하지만
나는 존재하지 않는 것을 꿈꾸며
'뭐 어때?'라고 생각한다."

_조지 버나드 쇼 George Bernard Shaw

CREA

창의성

↘ 창의성이란?

나는 모든 이가 창의적이라고 생각합니다. 창의적으로 일할수록 일 이외의 생활도 좀 더 수월해진다고 믿습니다. 생각도 더 유연해지고 더 많은 대안을 찾아내기 때문이죠. 많은 사람은 자신이 창의적이라고 생각하지 않는데, 아마도 학교에서는 '창의적이지 않음'이라는 평가를 받았기 때문일지도 모르겠습니다. 이제 창의성이라는 것을 더 폭넓게 생각할 필요가 있습니다.

창의성이란 무엇일까요? 케임브리지 사전에 의하면, 창의성이란 '기본적이고 일반적이지 않은 생각을 고안하거나 새롭고 상상력 넘치는 것을 만들어내는 능력'을 말합니다. 많은 사람이 창의성이라고 할 때 예술적인 것을 떠올립니다. 예술이 창의성을 보여주는 훌륭한 분야이기는 하지만 유일한 분야는 아닙니다. 창의성을 표현하는 방법은 무수히 많습니다.

창의성이 중요한 이유는 무엇일까요? 창의성이 어떻게 자신을 돌보는 데 이용되는지 궁금할지도 모르겠습니다. 창의성의 발현은 배고픔, 갈증, 섹스, 안전, 사랑과 같이 인간이라면 누구나 가지고 있는 욕구의 일부입니다. 이것은 매슬로가 말하는 인간

- 누군가의 취향에 꼭 맞는 선물을 사는 것은 창의적입니다.

- 냉장고 안의 남은 음식으로 한 끼 식사를 준비하는 것은 창의적입니다.

- 사랑하는 사람의 생일 파티를 위해 재미있는 이벤트를 준비하는 것은 창의적입니다.

- 나의 팀이 더 훌륭하게 업무를 처리할 수 있는 방법을 제안하는 것은 창의적입니다.

욕구의 단계 중 가장 높은 단계인 자아실현의 일부이자, 한 사람이 성장하면서 자연스럽게 나타나는 내적 욕구의 일부입니다. 일 이외에 관심 있던 분야나 취미를 위해 창의적인 활동을 하는 것은 자기 돌봄을 위한 훌륭한 방법입니다. 이러한 활동은 그 자체로 휴식이 될 뿐만 아니라 문제를 효과적으로 해결하고, 사람들과 돈독한 관계를 맺으며, 건강한 감정을 유지하는 데 도움이 되죠.

창의성은 다양한 분야에서 유용하게 이용되지만, 그중에서도 직장에서 가장 많이 요구됩니다. 독창적인 방법으로 일하는 사람들은 적은 노력을 들이고도 더 빨리 업무를 처리하기 때문입니다.

↘ 준비하기

이 장은 어떤 압박도 받지 않고 창의적 실험을 하는 것에서부터 시작하겠습니다. 그리고 창의성을 새롭게 정의하며 창의성이란 무엇인지에 다시 생각해볼 겁니다. 다음 단계에서는 지루하게 느껴지는 업무에 낮은 단계의 창의성을 적용하여 일상을 기적으로 만들어볼 겁니다.

다음으로 창의성을 개발하기 위한 시간 여유를 가져봅니다. 온갖 종류의 자극이 가득한 세상에서 사는 우리는 지루함을 두려워합니다. 하지만 일부러 지루한 시간을 갖는 것은 창의성을 발현하는 데 도움이 됩니다. 지루함을 느낄 때 비로소 우리의 뇌에 평범하지 않은 것들을 연결하여 새로운 것을 만들어내는 여유가 생깁니다.

'스마트폰 앱 정리'와 '알림 설정 끄기'에서 내가 전자 기기를 사용하는 버릇에 대해 고민해보고 공상하고 무언가를 끄적거리는 시간을 가져보겠습니다. 그리고 집에서 할 만한 창의적 사고를 위한 준비 작업을 하고 주중에 틈틈이 할 수 있는, 목적 없이 할 수 있는 활동을 찾아보겠습니다. '게임하기'와 '어릴 때

해본 상상들'에서 아무도 신경 쓰지 않고 뛰어놀던 시간으로 돌아가 그 시절에 떠오르던 생각들을 돌아볼 겁니다. 마지막으로 '새로운 것 배워보기'를 통해 낯선 것들을 배우면서 나의 창의성을 키워볼 것입니다.

이 장에서는 창의성을 기르는 실험 몇 가지를 해볼 겁니다. 이것은 창의성에 도움이 된다며 끊임없이 거품 목욕을 하고 초콜릿을 먹는 것과는 전혀 다른 방식으로, 우리에게 도움이 되는 자기 돌봄의 핵심입니다.

79
브레인스토밍

편안한 마음으로 아래의 창의적인 게임을 해봅시다. 이 게임에
정답은 없습니다.

• 1단계

아래 단어 중 하나를 고릅니다.

• 2단계

3분 동안 브레인스토밍하며 내가 선택한 단어의 연관어 혹은
그와 관련된 개념을 떠올립니다. 스스로 검열하지 말고 생각나
는 것을 모두 적으세요.

• 3단계

2~7 챕터에서 다루었던 분야 중 내가 가장 많이 노력해야 할
분야를 선택합니다. 2단계에서 떠올렸던 생각이나 관련 단어

를 이용하여 내가 선택한 분야에서 나를 더 잘 돌보기 위해 개인적으로 해볼 수 있는 작은 방법들을 생각합니다. 그리고 그것을 다음의 빈칸에 적습니다.

예를 들어 나는 챕터 6에서 이야기했던 '집'이라는 분야를 선택했습니다. 그리고 1단계에서 '빨간색'이라는 단어를 가지고 브레인스토밍을 하여 '멈춤'이라는 개념을 떠올렸습니다. 2단계에서는 1단계에서 떠올린 생각들을 바탕으로 더 이상 집에서 할 필요가 없거나 자주 하지 않아도 괜찮은 일들을 생각해내고, 이런 일들을 하지 않아서 생긴 여유 시간을 더 좋은 다른 일에 사용할 수 있는 방법을 떠올렸습니다.

또 다른 예를 들어볼까요? 챕터 4에서 살펴보았던 '관계'를 선택하고, 1단계에서 '열쇠'라는 단어를 골랐습니다. 그리고 브레인스토밍으로 떠오른 단어는 '열다'입니다. 이것을 바탕으로 3단계에서 다른 사람들과의 관계를 '열고' 그 관계를 더 깊게 하는 것, 다시 말해 일대일의 소중한 시간을 가질 수 있는 방법에 대해 생각했습니다. 이것으로 나는 많은 사람과 교류하기보다는 소수의 사람과 더 깊은 관계를 맺는 데 집중하는 실험을 했고, 이로써 더 넓은 인적 네트워크를 갖기 위해 노력하지 않는다는 데에 대한 부담감도 떨쳐냈습니다.

물론 1단계에서 다른 색이나 TV 프로그램, 옷, 무심코 골라서 펼쳐본 책의 첫 단어와 같이 다른 단어를 선택할 수도 있고, 3단계에서 해결 방법을 찾고 싶었던 다른 문제를 골라도 좋습니다.

80

창의성 새롭게 정의하기

많은 사람이 창의성이라고 하면 위대한 미술가나 세계적인 음악
가를 떠올리기 마련입니다. 그렇지만 창의적인 사람이 되는 데는
여러 가지 방법이 있습니다. 이 장의 첫 부분을 읽고 자신에게
다음과 같은 질문을 해보세요.

과거에 나는 창의성을 어떻게 정의했나요?

_____

과거에 나는 어떤 행동을 창의적이라고 생각했나요?

_____

최근에는 어떤 행동이 창의적이라고 생각하나요?

_____

_____

이미 내가 실천하고 있지만 창의적이라고 새롭게 정의할 수 있는 행동 세 가지를 생각해서 아래에 적어보세요.

1 _____

2 _____

3 _____

창의적인 사람이 되기 위해 지금까지 잘 하지 않았던 어떤 활동을 할 수 있나요? (예를 들자면 전시회에 가거나, 책 또는 시를 읽거나, 화랑이나 박물관에 개인적으로 혹은 단체로 둘러보는 방법 등이 있습니다.)

_____

_____

일상을 기적으로 만드는 방법

즐거운 마음이 들지 않는 일을 하나 골라서 그것을 재미있게 만들 세 가지 방법을 생각해보세요. 예를 들어 설거지하는 동안 팟캐스트를 듣거나 하기 싫은 업무를 마친 다음 자신에게 보상을 준다면, 하기 싫은 일도 새로운 시각으로 볼 수 있습니다. 또왜 이 일을 해야 하는지 창의적인 이야기를 만들어볼 수도 있고, 카펫에서 보물찾기를 하며 바닥을 닦는 일도 가능합니다.

＼ 하기 싫은 일을 적으세요.

＼ 이 일을 더 재미있게 하는 방법이 있나요?

스마트폰 앱 정리

최근 들어 사람들이 창의성을 발현하지 못하는 이유 중 하나는 자연스럽게 창의적인 생각을 떠올릴 만한 충분한 시간이 없다는 겁니다. 그리고 정작 여유가 있을 때는 휴대전화를 확인하거나 앱을 가지고 놀면서 창의적인 몽상을 할 수 있는 시간을 빼앗기고 있습니다.

> 휴대전화에 저장된 앱 중에서 20퍼센트를 지웁니다.

다음의 내용을 고려하여 어떤 앱을 지울지 결정합니다.

☐ 앱을 얼마나 자주 사용하나요?

☐ 앱이 나의 성장에 도움이 되나요?

☐ 앱을 사용한 후 기분이 좋아지거나 나빠지나요?

☐ 다른 사람과 함께 있는 동안에도 휴대전화 화면을 계속 보이게 해놓고 앱을 사용하는 경우가 있나요?

☐ 다른 일을 하는 동안에도 앱을 사용하거나 그것을 가지고 놀고 싶은 생각 때문에 집중하기가 어렵나요?

☐ 몇 번씩 아무 생 각 없이 휴대전화 화면을 스크 롤하나요?

앱을 지운 후 며칠 동안 어떤 기분이 들었는지 생각해봅니다. 어쩌면 며칠 동안은 이미 앱을 지웠는데도 무심코 앱을 찾을지도 모르지만, 시간이 지나면서 습관적으로 앱을 보던 버릇도 사라지고 더 이상 앱에 의지하지 않게 된 나를 발견하게 될 수도 있습니다. 그리고 생각 없이 앱의 알림 메시지를 확인하기보다는 다른 곳에 더 관심을 쏟고 있을지도 모릅니다.

생활에 정말 도움이 되었거나 다시 사용하고 싶은 앱이 있다면, 그 앱은 다시 설치하세요. 하지만 가능하다면 우선 앱 없는 건강한 한 주를 보내보세요.

83

알림 설정 끄기

거의 모든 앱은 아무리 작은 것이라도 새롭게 알릴 일이 있으면, 항상 빨간 동그라미로 새로운 메시지가 있음을 알리고 내가 봐주기를 기다립니다. 일주일 동안 이 알림 메시지를 끄고 생활해보세요. 다른 사람이 아니라 나의 일정에 따라 시간을 정해놓고 앱에 로그인합니다.

알림을 꺼놓은 것 때문에 불안하다면 그 이유가 무엇인지 생각해보세요. 원하면 언제든 매시간 앱을 확인할 수 있습니다. 다른 사람들이 내가 메시지를 읽을 때까지 59분 동안 기다리는 것이 큰 문제가 될까요?

　　　　알림을 끄는 것에 대해 어떻게 생각하세요?

_____

_____

　　　　어떤 앱 때문에 가장 불안한가요?

_____

얼마나 자주 휴대전화를 확인하나요? ('휴대전화 버릇 체크 앱'을 찾아보세요. 아이러니하지만 이것을 확인하기 위해서는 앱을 다운로드해야 합니다. 그리고 그 결과를 보면 당신은 아마 놀랄 겁니다.)

_____

_____

알림으로 새로운 메시지를 알려주는 앱의 목록을 적어보세요.

_____

_____

84
공상하기와 끄적이기

여유 시간이 생겼으니 이제 아무 부담 없이 자유롭게 마음속에 떠오르는 것을 생각해보는 '마인드 원더링mind wandering'을 시작할 시간입니다.

언제든 머리를 식히고 싶은 마음에 다시 휴대전화을 열어보고 싶은 유혹이 들면 이 페이지를 펼치고 아무거나 끄적이며 공상을 해보세요.

빠른 시간 안에 창의적으로 사고하고 싶을 때는 어디서부터 시작해야 할지 알기 어려울 수 있습니다. 좀 더 적극적으로 창의적이 되고 싶은 순간을 위한 활동을 준비해봅시다.

예를 들어, 내가 보는 것 중 초록색인 모든 것의 사진을 찍거나 여행 중에 만난 사람 중 세 사람에 대한 이야기를 만들어내는 것입니다.

 자동차 여정(내가 직접 운전을 하지 않는다고 가정하세요),

여행, 산책을 하면서 할 수 있는 작은 프로젝트 열 개를 적어보세요.

1	6
2	7
3	8
4	9
5	10

86
목적이 없어도 가능한 활동

창의성과 게임은 밀접한 관련이 있습니다. 일하거나 공부하면서 창의성을 풍부하게 만드는 놀이 형태의 활동은 큰 도움이 됩니다.

일반적으로 하루에 5분 동안 할 수 있는 창의적인 활동 열 가지를 적어보세요. 예를 들면, 아무 주제든 끄적이거나 마인드맵을 그려보는 겁니다. 음악을 듣고 온라인 갤러리를 돌아보는 것도 좋겠죠. 책상 위에 놓는 작은 장난감들을 늘어놓거나 구글 어스(구글의 위성 영상 지도 서비스— 옮긴이)에서 아무 장소나 찾아본 다음 그곳에 사는 사람들 이야기를 꾸며내 봅니다.

1

2

3

4

5

6

7

8

9

10

87 게임하기

게임은 구조화된 놀이 형태입니다. 합의된 일련의 규칙에 따라
진행되는 게임은 창의적인 두뇌 활동에 좋은 영향을 줍니다.

과거에 어떤 게임을 하며 놀아보았나요? (운동장에서 하던 게임이나
보드게임, 파티에서 하던 게임까지 모두 생각해보세요.)

_____

그중에서 가장 창의적이라고 생각되는 게임은 무엇인가요? 그 게임
을 창의적이라고 생각하는 이유는요?

_____

_____

다시 해보고 싶은 게임은 무엇인가요? 초대해서 함께 게임하고 싶
은 사람이 있나요? 언제, 어디서 게임을 하고 싶나요?

_____

_____

책임감이 생기고, 학교에서 교육을 받고, 일을 시작하고, 어른
으로서의 습관을 갖게 되기 이전 아이였던 나는 상상력을 어
떻게 사용했는지 기억하나요? 커다란 성에 산다는 상상을 하
거나 의사가 되었다고 생각하고 다른 사람들을 치료해주기도
했나요? 생각이 꽉 막힌 것 같을 때 내가 느꼈던 최초의 창의
적인 충동이 어떻게 변모했는지를 되돌아보면, 타성에 젖은 사
고에서 벗어나 사물을 새로운 시각으로 바라보는 데 도움이 됩
니다.

어린아이 시절에 상상력을 이용해서 즐겼던 놀이 5개를 생각해보고, 그것을 현재의 삶으로 끌어낼 방법을 생각해봅니다. 만약 해적놀이를 했다면 지금은 항구에 가거나 항해를 해볼 수 있습니다. 장난감 보트를 물에 띄우거나 레고로 해적선을 만들어보아도 좋습니다.

• 내가 즐겼던 놀이

• 어린시절의 상상력을
  지금 활용할 수 있는 방법

1 _____

1 _____

_____

_____

2 _____

2 _____

_____

_____

3 _____

3 _____

_____

_____

4 _____

4 _____

_____

_____

5 _____

5 _____

_____

_____

나에게 생소한 분야의 기사나 잡지 하나를 골라서 처음부터 끝까지 다 읽습니다. 그 기사에서 보았던 법칙이나 아이디어, 은유, 새롭게 깨달은 영감을 다른 곳에 적용할 방법 5가지를 적습니다.

예를 들어 골프 잡지를 보았다면, 골프를 배우는 고객에게 적용할 수 있는 교습 원칙을 찾아봅니다. TV 가이드를 보았다면, TV 프로그램을 보지 않고도 분위기에 맞는 대화 주제를 찾을 수 있습니다. 영화의 특수 분장에 대한 기사를 보면서 세상이 얼마나 창의적인지 느낄 수도 있습니다.

1

2

3

4

5

"자신의 인생을 제어할 수 있는 사람들은
그렇지 못하다고 믿는 사람들보다
건강하고 효과적이며 더 성공적이기 마련이다."

_알버트 반두라 Albert Bandura

변화

CHANGE

↘ 변화란?

마지막 장은 변화, 즉 어떤 것을 다르게 만드는 행동이나 과정에 관한 겁니다. 사실 이 책은 다양한 방식으로 변화를 다루고 있으며, 여기에 소개된 각각의 방법은 자신을 돌보는 데 도움이 되도록 만들어졌습니다. 회복력 좋은 사람일수록 변화를 더 쉽게 받아들일 수 있습니다.

여기에서 변화를 집중적으로 다루는 이유는, 세계가 지속적으로 변화하고 있기 때문입니다. 기술의 진보, 세계가 움직이는 방식, 미디어와 정치 등 우리를 둘러싼 모든 것은 끊임없이 움직이고 변화합니다. 이런 흐름 속에서 나의 건강과 행복을 유지하기 위해서는 꾸준히 자기 돌봄을 실천해야 합니다. 결혼, 출산, 죽음, 이혼, 이사, 상해, 이직 등 삶에서 가장 큰 스트레스를 유발하는 요인들은 대부분 변화와 관련되어 있습니다. 따라서 현대 사회에서 변화를 다루는 능력은 매우 중요하며, 직원들의 능력을 평가하는 주요한 기준 중 하나이기도 합니다.

변화에는 두 가지가 있습니다. 하나는 두려움을 무릅쓰고 내

안에서부터 변화를 추구하는 겁니다. 반면 어떤 변화는 구속을 통해 외부로부터 강요되기도 합니다. 후자보다는 전자에 적응하는 것이 훨씬 쉽습니다. 끊임없이 계속되는 변화 속에 어떤 이들은 변화를 거부하려 할지도 모릅니다. 하지만 한 가지 변화에 저항한다면 이후에 계속되는 또 다른 변화를 받아들이는 것이 더 어려워지겠죠.

변화가 이처럼 어려운 까닭은 무엇일까요? 가장 일반적인 이유는 두려움입니다. 막연하고 복잡한 상황에 직면했을 때 우리는 앞으로 어떤 일이 일어날지, 그 상황에 적응할 수 있을지 없을지 알 수 없습니다. 하지만 변화로 인해 우리는 성장할 수 있고 더 유연한 사고를 발전시킬 수 있으며, 이것은 바로 창의력으로 이어집니다. 뇌의 작동 방식을 볼 때, 더 많이 경험할수록 인지 유연성이 강화됩니다. 또한 새로운 활동을 많이 할수록 더 유연하게 사고할 수 있습니다. 창의적으로 사고하고 싶다면 더 다양한 경험, 새로운 것, 낯선 활동을 하며 변화를 겪어야 합니다.

↘ 준비하기

이 장에서는 우선 우리가 어떤 태도로 변화에 대응하는지 확인하기 위해 내가 변화에 대해 어떻게 느끼는지 알아볼 겁니다. 어떤 이들은 변화와 다양성을 좋아하지만, 전통과 일관성을 선호하는 사람들도 있습니다. 내가 변화를 어떻게 생각하고 있는지 이해하고 있다면 변화하기 위해 어느 정도의 노력을 쏟아야 하는지도 알 수 있습니다.

'새롭게 시도해보기', '새로운 것 소비하기', '새로운 시각' 같은 연습을 통해 작은 변화를 시도해보겠습니다. 여기서는 변화를 편안하게 받아들이는 것에 중점을 둘 것입니다. 하지만 정말 중요한 것은 진정으로 변화가 필요한 부분에 나의 에너지를 집중하고, 변화를 받아들일 수 있도록 나의 일상을 만들어가는 것입니다. 지금 이 순간 자신의 삶이 혼란스럽고 변화를 겪고 있다면 어떤 부분에서는 일관성을 유지하는 것이 도움이 됩니다. '단순하게 생활하기'와 '변화를 위한 첫걸음'에서는 가이젠改善,(부단한 변화를 의미하는 일본어로, 주로 회사 경영 분야에서 많이 사용되는 용어—옮긴이)이라는 개념을 소개하며, 변화의 과정을 작은 단계로 나누어 실천하는 것이 불확실성에 더 효과적으로 대처할 수 있는 방법임을 확인할 겁니다.

다음으로 유연한 사고를 증진시키는 방법을 알아보겠습니다. 예상을 빗나가는 일들 속에서 나의 부족한 부분을 깨닫게 되는 과정을 살펴보고, 내가 저지른 실수 한 가지를 돌아보고 앞으로 같은 상황에 처했을 때 다른 선택을 할 방법을 알아보겠습니다. 또한 변화를 위한 계획을 세워보겠습니다. 물론 변화하는 시기에 계획이란 출발점에 불과하지만, 계획을 세운다는 것은 그 자체로 아주 중요한 과정입니다.

마지막으로 가장 인간적이라고 할 수 있는 '실패도 받아들이기'를 해보겠습니다. 그리고 변화를 겪어낸 것을 축하하는 '변화 축하하기'로 기분 좋게 이 장을 마무리하겠습니다. 이 장을 마쳤을 때, 우리는 더 강한 근성을 갖게 될 것이고, 앞으로 직면하게 될 변화에 한 단계 높은 수준으로 대처할 수 있게 될 겁니다. 끝으로, 피할 수 없는 어려움에 대처하는 방법으로 나를 돌보는 비상 가방을 만들어보겠습니다.

90
내가 생각하는 변화

지금까지 경험했던 변화를 생각했을 때, 어떤 느낌이 드나요?
인생에서 가장 스트레스가 되는 변화는 사랑하는 이의 죽음,
이혼, 심각한 질병, 결혼, 이직, 은퇴, 출산, 이사, 재정적 변화
같은 것들일 겁니다.

가장 힘들게 느껴졌던 변화는 어떤 것이었나요?

1

2

3

각각의 변화가 가져온 장점과 단점은 무엇인가요?

• 장점   • 단점

1   1

2   2

3   3

🔻 인생에서 가장 쉽게 받아들인 변화는 무엇이었나요? (부정 편향 때문에

가장 쉬웠던 부분이 잘 생각나지 않는 경향이 있으므로 깊이 생각해보세요.)

1 _____

2 _____

3 _____

🔻 각각의 변화가 가져온 장점과 단점은 무엇인가요?

• 장점   • 단점

1 _____   1 _____

2 _____   2 _____

3 _____   3 _____

91

새롭게 시도해보기

새로운 방식 혹은 다른 방식으로 일을 할 때, 우리 뇌에는 새로운 신경 회로가 형성됩니다. 지금까지 하지 않았던 새로운 것을 시도하는 것은 유연하게 사고하고 회복력을 높이는 데도 도움이 됩니다. 더 다양한 생각과 경험으로 두뇌를 자극할수록, 우리의 뇌에는 새로운 신경 회로가 만들어집니다.

거창한 경험이 필요한 것이 아닙니다. 다른 방에 있는 (혹은 다른 층에 있는) 화장실을 사용하는 것 또한 새로운 경험이며, 직장까지 새로운 길로 가보는 것도 좋습니다. 생활용품을 사기 위해 매번 가던 곳이 아닌 새로운 마트에 가볼 수도 있고, 즐겨 가던 식당에서 지금까지 먹어본 적 없는 새로운 메뉴를 시켜도 좋습니다.

이번 주에 새롭게 시도해본 것들

1

2

3

4

5

변화

92
새로운 것 소비하기

다른 분야와 마찬가지로 여가 생활을 위해 소비하는 데도 자신만의 패턴이 있습니다. 같은 작가와 같은 장르의 책을 읽고, 같은 TV 채널을 보고, 똑같은 팟캐스트를 듣습니다.

> 내 주변에 있는 두 사람에게 그들이 좋아하는 영화, TV 프로그램, 책, 라디오 프로그램 혹은 팟캐스트를 추천해달라고 합니다. 그 사람들에게 추천한 이유를 물어보고, 혹시 내가 싫어하는 것일지라도 최소한 30분 이상 추천받은 영화나 TV 프로그램을 보거나 그들이 추천한 책을 읽습니다. 새로운 것을 경험하면서 배운 것을 다음 페이지에 적어보세요.

추천받은 것 : _____

좋아하는 이유 : _____

직접 해보고 배운 점 :

_____

추천받은 것 : _____

좋아하는 이유 : _____

직접 해보고 배운 점 :

_____

변화

새로운 시각

내가 이성적으로 강력하게 지지하고 있는 믿음 한 가지를 생각해봅니다. 내가 투표한 정당, 내년에 오스카상을 받으리라고 생각한 배우, 욕실에 가장 잘 어울린다고 생각하는 타일 등 나만의 특별한 성향이나 관점이 있는 것이라면 무엇이든 상관없습니다.

🗇 내가 가지고 있는 믿음이나 의견을 아래에 적으세요.

_____

_____

같은 주제에 대해 나와 다른 믿음이나 의견을 가진 이들의 핵심적인 주장을 적어봅니다. 사람들을 만나고 여러 가지 방법으로 조사하며 또 다른 관점을 찾아봅니다. 여러 가지 주장 중에 의견이 나뉘는 부분을 다른 색으로 표시합니다. 많은 의견 중내 생각과 통합할 수 있는 새로운 시각이 있으면 모두 찾아서 새로운 색으로 밑줄을 칩니다.

변화에 잘 대처하기 위해서는, 어떤 부분에서는 단순하고 안정된 생활하는 것이 좋습니다. 매번 결정하지 않아도 되는 사소한 일을 하나 정합니다. 먼저 일상적으로 하는 일 중에서 고르는 것이 좋습니다. 예를 들어 직장에 갈 때 입는 옷을 다섯 벌 준비하고, 그 다섯 벌을 번갈아 가면서 입습니다(다른 사람들이 알아챌 거라고 생각하겠지만 불행하게도 내가 어떤 옷을 입는지 알아보는 사람은 없습니다). 혹은 맛있게 먹을 수 있는 건강 식단 세 가지를 정해서 그 세 가지를 번갈아 가며 저녁으로 먹습니다. 이것 역시 쇼핑을 하면서 두뇌 활동을 최소한으로 할 수 있는 방법입니다.

나는 다음의 부분에서 더 이상 선택을 하지 않을 것입니다.

_____

_____

그 대신 다음의 변화에 집중할 것입니다.

―――――――――――――――――――――――――――

―――――――――――――――――――――――――――

위에서 정한 것을 영원히 지킬 필요는 없습니다. 한 달 후에 나의 일상을 돌아보고 선택했던 것을 바꿀 때가 되었거나, 또 다른 분야에서 사소한 결정을 하지 않고 단순하게 생활할 수 있을지 생각해봅니다. 이 활동의 목적은 내 삶을 좀 더 수월하게 하고 나에게 도움이 되기 위한 것이지 나를 괴롭히기 위한 것이 아닙니다.

변화를 위한 첫걸음

일본식 훈육 방법인 가이젠은 큰 변화를 기다리기보다 상황을
조금이라도 향상할 수 있는 작은 활동을 지속적으로 하는 것
을 강조합니다.

내가 변화시키고 싶은 점이 무엇인지 분명하게 합니다. 이사를
하거나 운동을 하거나 방을 장식하거나 더 자주 요리를 하거나
배우자와 더 많은 시간을 보내거나 책을 쓰는 등 어떤 변화라
도 좋습니다.

내가 변화시키고 싶은 점이 무엇인가요?

_____

_____

내 삶을 바꾸기 위해 오늘 실천할 수 있는 작은 변화는 무엇인가요?

_____

_____

_____

나를 놀라게 한 일들

우리는 다른 사람들의 아이디어가 얼마나 바보 같은지를 쉽게 찾아내는 반면 자신의 생각에서 부족한 점은 잘 발견하지 못하는 경향이 있습니다. 심리학 용어로 블라인드 스팟(편견, 착각, 사고의 오류 등으로 인해 미처 인지하지 못하는 심리적 사각지대—옮긴이)이라고 합니다. 좀 더 유연하게 사고하기 위해서는 내가 생각하지 못했던 놀라운 점과 그것이 놀랍다고 생각한 이유를 놓치지 않고 파악하고 있어야 합니다. 우리는 우리의 예상이 빗나갔을 때 놀라움을 느끼곤 합니다. 내가 어떤 순간에 놀라움을 느끼는지 계속 따라가다 보면, 내가 어떤 패턴으로 사고하고 결정을 내리는지 이해할 수 있게 됩니다. 그러다 어느 순간 나의 사고에 작은 변화가 생겼음을 깨닫는 순간이 있는데 그것이 바로 '아하 모멘트'이며, 이것이 잠재적으로 창의적 발견으로 이어집니다.

옷을 잘 입었다는 칭찬을 받고 놀랐나요? 그것은 나의 외모가 생각처럼 아주 나쁘지 않다는 의미일 겁니다. 상사가 내가 한 일에 대해 기대했던 만큼의 칭찬이나 피드백을 주지 않아서 놀

랐나요? 그것은 내가 더 노력해야 한다는 것을 의미하는 것일
수 있습니다.

지난 48시간 동안 나를 놀라게 만든 크고 작은 것들을 적어보세요.

나를 놀라게 한 사건이나 이슈

1 _____

2 _____

3 _____

놀란 이유 (정답은 없지만 깊이 생각해서 적어보세요.)

1 _____

2 _____

3 _____

97

내 실수 돌아보기

과거의 나의 잘못을 비판적으로 재구성해보는 것은 실수를 다시 살펴보면서 실수로부터 배우는 방법으로, 이는 고집스러운 생각과 완벽주의에서 벗어나는 데에도 도움이 됩니다.

최근 저지른 실수 중에서 지금도 나를 괴롭히고 있는 것을 돌아봅니다.

그 실수는 무엇이었습니까?

_____

실수를 저지를 때 내가 거쳤던 과정을 다시 돌아본 다음, 각각의 단계마다 같은 상황에서 다음에는 어떻게 다른 방식으로 대처할 수 있을지 생각해봅니다. 같은 실수를 다시 저지를 수 있는 가능성을 포함해서 장애나 방해가 되는 것 등 부정적인 영향을 미칠 수 있는 모든 것을 생각해봅니다.

_____

_____

_____

98

변화를 위한 계획

이 장에서 소개한 여러 가지 방법들은 변화에 어떻게 접근해야 하는지 이해하는 데 도움이 됩니다. 따라서 새로운 변화를 시도할 때 이 장에서 소개한 방법들을 조합하여 계획을 세워봅니다.

 다음에 변화시키고 싶은 분야는 어떤 건가요?

_____

_____

변화할 용기를 내기 위해, 최근에 누가 이와 유사한 변화를 겪었는지 털어놓고 말할 수 있는 사람은 누구인가요?

_____

이 변화가 중요한 이유는 무엇인가요?

_____

_____

변화

내가 변화하지 않으면 어떤 일이 일어날까요?

_____

이 변화에 대해 이전에 어떤 생각을 가지고 있었나요? 어떻게 그런

생각을 바꾸게 되었나요?

_____

_____

특히 두려워하는 부분은 어떤 건가요?

이 변화가 가져올 부정적인 면은 무엇인가요?

_____

이 변화로 얻을 수 있는 긍정적인 면은 어떤 건가요? 변화의 긍정적인

면에 더 중점적으로 생각할 수 있는 방법은 어떤 것이 있을까요?

_____

_____

이전에 이와 유사한 변화를 경험한 적이 있다면 어떤 것이 있을까요? 그때 배웠던 것 중에서 이번에 적용할 수 있는 것이 있다면 어떤 것이 있을까요?

_____

이 변화를 겪는 동안 집중할 수 있도록 다른 부분은 비교적 변화 없이 안정적으로 유지하려 한다면, 어떤 것을 할 수 있을까요?

_____

이 변화가 복잡하고 막막하게 느껴지는 이유는 무엇이며, 그것을 확실하게 정의할 수 있는 방법은 어떤 건가요?

_____

_____

이 변화를 위해 처음 시작해야 할 일은 무엇인가요?

_____

변화

99
실패도 받아들이기

계속되는 변화를 유연하고 편안하게 받아들이기 위해서는 나의 성공뿐 아니라 실패까지도 받아들일 수 있어야 합니다. 앞에서도 말했듯이 실수는 사람이라면 누구나 저지르는 것이며, 그런 실수를 외면하거나 그것 때문에 자신을 비난하는 것은 전혀 도움이 되지 않습니다. 그보다는 자신을 사랑하는 마음을 가질 때 비로소 실수로부터 배울 수 있습니다. 또한 한 발자국 떨어져서 나의 실수를 계속해서 상기함으로써, 이전에도 실패한 후에 다시 일어났으니 다음에 실패한다고 해도 그때와 마찬가지로 회복할 수 있다고 스스로 다독일 수 있습니다.

인생에서 가장 큰 실패를 경험했을 때, 어떤 감정을 느꼈나요?

_____

다른 이들은 나의 실패에 대해 어떤 반응을 보였나요?

_____

그때의 실패가 나에게 어떤 영향을 미쳤나요?

_____

_____

그때의 실패를 통해서 무엇을 배웠나요?

_____

다음에 실패하지 않기 위해 어떤 방식으로 대처할 건가요?

_____

_____

변화

변화 축하하기

(나를 포함하여) 많은 사람은 어떤 변화를 이루어냈을 때, 그것을 축하하는 것을 잊어버립니다. 우리는 자신의 변화를 기념하거나 기록하지 않은 채 변화의 과정을 겪고 또 다른 변화에 도전합니다. 반드시 완벽하게 변화에 성공할 필요는 없다는 것을 기억하세요. 변화의 과정이 힘들겠지만, 지금 변화를 겪고 있다는 것을 기뻐해주세요. 다른 도시로 이사를 가거나 식단이나 운동 방법을 바꾸고 새로운 활동을 시작하거나 더 일찍 일어나고 잠자리에 드는 것 등 작은 변화라도 자신이 겪고 있는 변화를 축하해주세요.

〴 가장 최근 어떤 변화를 겪었나요?

_____

〴 잘 해냈다고 스스로에게 말해주는 글을 한 단락 쓰되,
어떤 점에서 가장 잘 해내게 되었는지 구체적으로 적습니다.

_____

지금까지 이 책을 각자의 방식대로 잘 따라왔기를 바랍니다. 지금까지 우리는 자기 돌봄을 위한 여러 가지 실험을 하면서 다양한 시각에서 자기 돌봄에 접근했습니다.

이 책에서 소개한 방법들은 장기적으로 건강을 유지하기 위해 사소하게 실천할 수 있는 것으로 나의 감정, 정신, 신체적 건강을 책임지기 위한 도구입니다. 때로는 인생은 예고도 없이 폭풍처럼 휘몰아치며 당신의 뺨을 때릴지도 모릅니다. 예기치 않은 사건이 한순간에 덮쳐올 수도 있습니다.

마지막 연습에서는 어렵고 두려운 순간에 생명줄이 되어줄 수 있는 비상 가방을 준비해볼 겁니다. 이것은 생존의 갈림길에 있을 때 자신을 돌볼 수 있는 가장 빠른 방법입니다.

당신은 이미 이와 비슷한 것들을 가지고 있다는 사실을 잊지 마세요. 그것은 구체적인 음식이거나 간식거리일 수도 있고, 좋아하는 음악 리스트, 효과가 좋은 명상이나 시각화해보는 방법, 기분이 좋아지는 영화, 일기를 쓸 수 있는 종이와 연필, 전화를 할 수 있는 친구의 연락처일 수도 있습니다. 아래에 생

변화

각나는 것들을 적어두거나, 실제로 가방을 하나 마련해서 안정을 찾게 해주는 담요나 행복했던 순간을 담은 사진 등 나에게 위안이 되는 물건들을 담아놓습니다. 이 책을 넣어두는 것도 좋습니다.

다음의 질문은 나의 비상 가방에 무엇을 넣을지 결정하는 데 도움이 될 겁니다.

이 책에서 소개한 어떤 분야 혹은 방법이 가장 빠른 시간 안에 효과가 있었나요?

_____

이 책에서 소개한 어떤 분야 혹은 방법이 가장 불편하게 느껴졌나요?

_____

이 책에서 다룬 어떤 분야 혹은 방법이 가장 즐거웠나요?

_____

아래에 비상 가방에 넣을 실제 물건을 적거나,

빨리 찾아보기 위해 이 책에서 소개한 방법의 번호를 적습니다.

반드시 이 책에서 소개한 방법에 국한될 필요는 없습니다.

변화

↘ 잊지 말아야 할 것

+ 우리는 기적을 바라는 것이 아니며 자신의 몸과 정신의 건강을 위해 작지만, 꾸준히 조금씩 더 투자해나갈 수 있기를 기대합니다.

+ 의무감 때문에 자기를 돌보지는 마세요.

+ 우리는 모든 것을 할 수 없습니다. 모든 일이 그렇듯이, 얻는 것이 있으면 분명 포기해야 하는 것도 있습니다. 할 수 있는 모든 부분에서 내 인생을 풍요롭게 하는 데 도움이 되는 것들을 선택하세요.

+ 나를 책임져야 하는 유일한 사람은 바로 나 자신입니다. 친구나 가족들을 기쁘게 해주는 만큼 자신을 돌보는 데도 최선을 다하세요. 나는 다른 사람과 마찬가지로 그것을 누릴 자격이 있습니다.

+ 내게 자양분이 되는 것들은 나 자신만큼이나 나에게 아주 특별한 것입니다. 따라서 나에 대해 잘 알게 될수록 나 자신을 더 잘 돌볼 수 있으며, 다른 사람에게 효과가 있는 것이 나에게는 효과가 없을 수도 있습니다. 이 책에서 나에게 효과가 있는 것을 선택하고, 나머지는 반드시 할 필요는 없습니다.

자신에게 항상 너그러워지세요.

엘렌

Ellen x

마지막 당부

나는 의사가 아니며, 이 책의 내용 또한 전문적인 의사의 진단이나 처방, 치료를 대신하는 것이 아닙니다. 항상 담당 의사나 자격 있는 전문 의료 서비스 제공자에게 가서 자신의 증상에 대해 물어보고 조언을 구하세요. 의사나 치료사에게 상담이나 치료를 받는 것 또한 자기 돌봄을 위한 행동임을 잊지 마세요.

↘ 감사의 글

자기 돌봄은 하루를 마무리하면서 숙제처럼 확인해야 하는 것이 아니라 계속 나아가야 하는 여행 같은 것입니다. 나는 다른 누구보다 열심히 나 자신을 돌보는 과정을 진행했는데, 내가 또다시 세균성 편도염과 패혈성 인두염에 걸린 채 일 때문에 나 자신을 지나치게 몰아붙이거나 일주일에 세 나라를 여행하고 주말에 일할 때마다 주위 사람들은 내가 잊지 않고 자기 돌봄을 실천하는 데 도움을 주었습니다. 그리고 그것은 나에게는 정말 행운이었습니다. 이것은 훌륭한 가족과 친구들을 곁에 두고 있는 내가 누릴 수 있는 특권이었고, 그들이 있기에 나는 행복할 수 있습니다.

특히 안나 샤보뉴, 그레이엄 몰리, 캐롤린 레온, 엘레노어 샤반 델마스, 아네트 폴너, 저스틴 모건, 에드 클라크, 그리고 나의 여동생 사라 바드와 어머니 메리 바드에게 감사의 말을 전하고 싶습니다. 이들은 이 책의 내용에 대해서 조언을 해주었고, 아이디어를 모으는 데 큰 도움을 주었을 뿐만 아니라 내가 글을 쓰는 동안 음식을 만들어주고 함께 커피를 마시며 친구가 되어주었습니다.

또한 지난 몇 년 동안 나의 블로그를 읽으며 나를 응원해준 모든 이들에게 감사합니다. 그들이 보여준 큰 호응 덕분에 이 아름다운 책을 출간하는 모험을 시작할 수 있었습니다.

마지막으로 이 책의 내용에 애정을 가지고 조언을 아끼지 않은 나의 사랑하는 배우자 폭스, 그가 없었다면 이 책을 출간하지 못했을 겁니다. 또한 내 인생의 보너스와 같은 나의 아이, 작은 폭스와 함께 놀며 나의 자기 돌봄 수준은 한 단계 높은 수준으로 올라갈 수 있었습니다. 두 사람이 계속 나를 지켜봐준다는 사실이 나는 무엇보다 기쁩니다. 항상 곁에 있어 주어 감사합니다.

Notes

Notes

THIS IS FOR YOU

개정판 1쇄 발행	2023년 1월 30일
지은이	엘렌 M. 바드
옮긴이	오지영
펴낸이	신민식
펴낸곳	가디언
출판등록	제2010-000113호
주소	서울시 마포구 토정로 222 한국출판콘텐츠센터 306호
전화	02-332-4103
팩스	02-332-4111
이메일	gadian@gadianbooks.com
홈페이지	www.sirubooks.com
출판기획실 실장	최은정　　디자인　　이세영
경영기획실 팀장	이수정　　온라인 마케팅　권예주
종이	월드페이퍼(주)
인쇄 제본	(주)상지사
ISBN	979-11-6778-073-7(03190)

당신의 삶에 일어날
작은 마법

이 책은 여러분이 이 순간을
최대한 값지게 살아가도록 도와줄 거예요.
강요하지 않습니다.
대신 각자에게 맞는 방식으로
진정한 나를 찾는 길을
열어줄 거예요.

오직 하나뿐인 당신을 위해.

"나를 돌아보고,
내 인생은 완전히 바뀌었습니다."

다른 사람들에게 마음을 쏟느라 나를 제대로 돌보지 못하고 있나요?
몸과 마음, 관계, 시간, 일과 환경 등 나와 나를 둘러싼 모든 것을 돌
아보며 조금씩 변화를 주는 특별한 방법들이 여기 담겨 있습니다. 이
책은 당신이 쓰고 그리는 순간 시작됩니다. 온전히 나에게만 집중해
흔들리지 않는 '나'를 발견하고, 단단한 삶을 만들길 바랍니다.

몸 · 마음 · 감정 · 관계 · 시간 · 집과 환경 · 일 · 창의성 · 변화
나를 성장하고 변화시키는 101가지 기록법

값 17,000원
ISBN 979-11-6778-073-7